TOM 不好意思

TOM BUHAOYISI

TERRY WALTZ

SQUID FOR BRAINS
ALBANY, NY

Tom Buhaoyisi (Simplified Character version)
Terry Waltz
Published by Squid For Brains
Albany, NY
Copyright ©2014 by Terry T. Waltz

ISBN-10: 0692231579

ISBN-13: 978-0692231579

Chapter 1

"就是 今天！"

汤姆 今天 很 高兴。 他 很 高兴， 因为 今天 是 星期二， 所以 他 没有 体育课。 他 高兴， 因为 今天 的 中饭 很 好吃。 但 是 体育课 不 重要。 中饭 也 不 重要。 今 天 很 重要， 因为 汤姆 要 跟 一个 女孩子 说话。

那个 女孩子 对 汤姆 很 重要。 汤姆 很 喜欢 她。 她 很 好看。 她 叫 凯利。 虽 然 汤姆 很 喜欢 她， 但是 他 都 没有 跟 她 说过话！ 但是 今天 他 一定 要 跟她 说 话！

汤姆 六点半 吃 早饭。 他 吃 早饭 的时 候， 他 边吃 边想 凯利。 她 今天 吃 什 么？汤姆 去 刷牙。 他 刷牙 的时候， 他 边刷牙 边想 凯利 的 牙。他 穿上 裤子 的 时候， 他 边 看 裤子 边 想 凯利 会不 会 喜欢 他 穿的 裤子。汤姆 都 在 想 凯利。

"凯利 那么 漂亮！ 她的 头发 那么 长！ 咖啡色的 头发 那么 漂亮！她的 眼睛 那么 漂亮！ 她 为什么 都 不 看我？"

Chapter 1

"jiùshì jīntiān!"

tāngmǔ jīntiān hēn gāoxìng. tā hěn gāoxìng, yīnwèi jīntiān shì xīngqīèr, suǒyǐ tā méiyǒu tǐyùkè. tā gāoxìng,yīnwèi jīntiān de zhōngfàn hěn hǎochī. dànshì tǐyùkè bú zhòngyào. zhōngfàn yě bú zhòngyào. jīntiān hěn zhòngyào, yīnwèi tāngmù yào gēn yīge nǔháizǐ shuōhuà.

nàge nǔháizǐ duì tāngmǔ hěn zhòngyào. tāngmǔ hěn xǐhuān tā. tā hěn hǎokàn. tā jiào kǎilì.suīrán tāngmǔ hěn xǐhuān tā, dànshì tā dōu méiyǒu gēn tā shuōguòhuà! dànshì jīntiān tā yídìng yào gēntā shuōhuà!

tāngmǔ liùdiǎnbàn chī zǎofàn. tā chī zǎofàn deshíhòu, tā biānchī biānxiǎng kǎilì. tā jīntiān chī shénme? tāngmǔ qù shuāyá. tā shuāyá deshíhòu, tā biānshuāyá biānxiǎng kǎilì de yá.tā chuānshàng kùzǐ deshíhòu,tā biān kàn kùzǐ biānxiǎng kǎilì huìbúhuì xǐhuān tā chuānde kùzǐ. tāngmǔ dōu zàixiǎng kǎilì.

"kǎilì nàme piàoliang! tāde tóufǎ nàme cháng! kāfēisède tóufǎ nàme piàoliàng! tāde yǎnjīng nàme piàoliang! tā wèishénme dōu búkàn wǒ?"

汤姆 的 母亲 听到 他 说话。 "汤姆！你说什么？ 校车 快来了！ 快一点！"

汤姆 翻了翻 眼睛。 妈妈 不 懂。 她 没有 喜欢过 一个 漂亮的 女孩子。 但是 他 跟 母亲 说： "是。 我 马上 去。"

汤姆 的 母亲 常常 跟 他 说， 他 要 快一点。 但是 今天 汤姆 不 生气。 他 不 生气， 因为 他 母亲 跟他 说话 的时候， 他 边 听 妈妈 的 话 边 想 凯利 的 鼻子。 那 么 漂亮 的 鼻子！

但是 汤姆 有 一个 很 大的 麻烦。 凯利 是 他 姐姐 的 好朋友。

汤姆 的 姐姐 叫 巴巴拉。 汤姆 十六 岁。 他的 姐姐 也 十六 岁。 凯利、巴巴拉 和 汤姆 都 上 高中。 凯利 和 巴巴拉 天天 都 在 一起。 她们 的课 都 一样。 她们 常 常 一起 上课。 她们 一起 上 数学课。 她 们 一起 上 英文课。 两个 女孩子 也 一起 上 白先生 的 历史课。

tāngmǔ de mǔqīn tīngdào tā shuōhuà. "tāngmǔ! nǐshuōshénme? xiàochē kuàiláile! kuàiyīdiǎn!"

tāngmǔ fānlefān yǎnjīng. māma bùdǒng. tā méiyǒu xǐhuānguò yīge piàoliangde nǚháizǐ. dànshǐ tā gēn mǔqīn shuō: "shì. wǒ mǎshàng qù."

tāngmǔ de mǔqīn chángcháng gēn tā shuō, tā yào kuàiyīdiǎn. dànshì jīntiān tāngmǔ bù shēngqì. tā bù shēngqì, yīnwèi tā mǔqīn gēntā shuōhuà deshíhòu, tā biāntīng māma de huà biānxiǎng kǎilì de bízǐ. nàme piàoliang de bízǐ!

dànshì tāngmǔ yǒu yīge hěn dàde máfán. kǎilì shì tā jiějie de hǎopéngyǒu.

tāngmǔ de jiějie jiào bābālā. tāngmǔ shíliù suì. tāde jiějie yě shíliù suì. kǎilì, bābālā hé tāngmǔ dōu shàng gāozhōng. kǎilì hé bābālā tiāntiān dōu zài yīqǐ. tāmen de kè dōu yíyàng. tāmen chángcháng yīqǐ shàngkè. tāmen yīqǐ shàng shùxué kè. tāmen yīqǐ shàng yīngwén kè. liǎngge nǚháizǐ yě yīqǐ shàng báixiānshēng de lìshǐ kè.

汤姆 想要 跟 凯利 一起 上 数学课。 汤姆的 数学 不 错。 但是 虽然 汤姆 的 数学 老师 也是 巴巴拉 和 凯利 的 数学 老师， 他 不 是 跟 凯利 一起 上数学课 的。 汤姆 跟 巴巴拉 和 凯利 一起 上 的课 是 生物 课。 汤姆 不 太 喜欢 生物学， 但是 他 很 喜欢 生物课， 因为 他 跟 凯利 上课。

凯利 和 巴巴拉 是 好朋友。 但是 凯利 不 认识 汤姆。 "凯利 是 我 姐姐 的 好朋 友， 但是 她 都 不 认识 我！ 我 不 要 凯 利 想 我 是 巴巴拉 的 弟弟。 我 要 她 想 我 是 汤姆！ 她 会 喜欢 汤姆， 但是 她 不 会 喜欢 巴巴拉 的 弟弟。"

汤姆 很 喜欢 凯利， 但是 凯利 不 喜欢 汤姆。 怎么办？

"凯利 不 喜欢 我， 但是 那 是 因为 她 不 认识 我。 如果 她 多多 认识 我， 她 就 会 喜欢 我了！"

但是 汤姆 很 难过。 他 很 难过， 因为 凯利 都 不 看他。 汤姆 想要 叫： "我 在 这儿！ 请 看 我！ 你 会 喜欢 我！" 但是 凯利 都 不 看 他。 可能 是 因为 他 没有 很 多 朋友。 可能 是 因为 他 不 踢 橄榄 球， 也 不 打 篮球。 还有， 汤姆 看到 凯

ǔ xiǎngyào gēn kǎilì yīqǐ shàng shùxuékè.

shùxué búcuò. dànshì suīrán tāngmǔ de

shī yěshì bābālā hé kǎilì de shùxué lǎoshī,

ta bus..... gēn kǎilì yīqǐ shàng shùxuékè de. tāngmǔ gēn
bābālā hé kǎilì yīqǐ shàng dekè shì shēngwùkè. tāngmǔ
bú tài xǐhuān shēngwùxué, dànshì tā hěn xǐhuān
shēngwùkè, yīnwèi tā gēn kǎilì shàngkè.

kǎilì hé bābālā shì hǎopéngyǒu. dànshì kǎilì bú
rènshi tāngmǔ. "kǎilì shì wǒ jiějie de hǎopéngyǒu,
dànshì tā dōu bú rènshi wǒ! wǒ búyào kǎilì xiǎng wǒ
shì bābālā de dìdi. wǒ yào tā xiǎng wǒ shì tāngmǔ! tā
huì xǐhuān tāngmǔ, dànshì tā búhuì xǐhuān bābālā de
dìdi."

tāngmǔ hěn xǐhuān kǎilì, dànshì kǎilì bù xǐhuān
tāngmǔ. zěnme bàn?

"kǎilì bù xǐhuān wǒ, dànshì nà shì yīnwèi tā bú
rènshi wǒ. rúguǒ tā duōduō rènshi wǒ, tā jiù huì xǐhuān
wǒle!"

dànshì tāngmǔ hěn nánguò. tā hěn nánguò, yīnwèi
kǎilì dōu bú kàn tā. tāngmǔ xiǎngyào jiào: "wǒ zài
zhèr! qǐng kàn wǒ! nǐ huì xǐhuān wǒ!" dànshì kǎilì
dōu bú kàn tā. kěnéng shì yīnwèi tā méiyǒu hěn duō
péngyǒu. kěněng shì yīnwèi tā bù tī gǎnlǎnqiú, yě bù
dǎ lánqiú. háiyǒu, tāngmǔ kàndào kǎilì deshíhòu, tā
dōu huì bènshǒubènjiǎo le. tāngmǔ bènshǒubènjiǎo

利 的时候， 他 都 会 笨手笨脚。 了。 汤
姆 笨手笨脚 的时候， 巴巴拉 都 笑 他。
汤姆 看 凯利 的时候， 巴巴拉 都 在笑。

"糟糕！"

deshíhòu, bābālā dōu xiào tā. tāngmǔ kàn kǎilì
deshíhòu, bābālā dōu zài xiào.

"zāogāo!"

Chapter 2

因为 巴巴拉 和 凯利 是 好朋友，巴巴拉 在家 都 说 凯利 的事。虽然 汤姆 不 喜欢 听 巴巴拉 说话，但是 他 很 喜欢 听 她 说 凯利 的 话。

"凯利 十五 岁。她 喜欢 粉红色。她 很 喜欢 听音乐。" 这些 汤姆 都 知道，但是 他 喜欢 听，因为 姐姐 在 说 凯利 的事。他 知道 凯利 十五 岁，也 知道 她 喜欢 粉红色。虽然 他 喜欢 听 姐姐 说 凯利 的事，但是 他 想 听 新的。

"你说 凯利 喜欢 听音乐 吗？凯利 喜欢 什么 音乐？"

"那么...我 不 知道。那 不 重要 啊！她 什么 音乐 都 喜欢。你 知道吗？凯利 很 喜欢 粉红色。她 喜欢 火烈鸟。她 也 很 喜欢 粉红色 的 花。她 打 网球 的 时候，她 喜欢 穿 粉红色 的 裙子。" 巴巴拉 看了看 弟弟。汤姆 没有 说话，所以 巴巴拉 走了。

网球！汤姆 打 网球。汤姆 是 网球 高手。他 是 网球队 队员。他 很 喜欢 网球

Chapter 2

yīnwèi bābālā shì hǎopéngyǒu, bābālā zàijiā dōu shuō kǎilì deshì. suīrán tāngmǔ bù xǐhuān tīng bābālā shuōhuà, dànshì tā hěn xǐhuān tīng tā shuō kǎilì de huà.

"kǎilì shíwǔ suì. tā xǐhuān fěnhóngsè. tā hěn xǐhuān tīngyīnyuè." zhèxiē tāngmǔ dōu zhīdào, dànshì tā xǐhuān tīng, yīnwèi jiějie zài shuō kǎilì deshì. tā zhīdào kǎilì shíwǔ suì, yě zhīdào tā xǐhuān fěnhóngsè. suīrán tā xǐhuān tīng jiějie shuō kǎilì deshì, dànshì tā xiǎng tīng xīnde.

"nǐshuō kǎilì xǐhuān tīng yīnyuè ma? kǎilì xǐhuān shénme yīnyuè?"

"nàme wǒ bù zhīdào. nà bú zhòngyào a! tā shénme yīnyuè dōu xǐhuān. nǐ zhīdào ma? kǎilì hěn xǐhuān fěnhóngsè. tā xǐhuān huǒlièniǎo. tā yě hěn xǐhuān fěnhóngsè de huā. tā dǎ wǎngqiú deshíhòu, tā xǐhuān chuān fěnhóngsè de qúnzi." bābālā kànlekàn dìdi. tāngmǔ méiyǒu shuōhuà, suǒyǐ bābālā zǒule.

wǎngqiú! tāngmǔ dǎ wǎngqiū. tāngmǔ shì wǎngqiú gāoshǒu. tā shì wǎngqiúduì duìyuán. tā hěn xǐhuān

队。 凯利 也 打 网球。 汤姆 知道， 凯利 想 当 网球队 的 队员。

汤姆 想了 很 久。 他 一定 要 想办法。 他 要 凯利 喜欢 他。 "我 知道 凯利 喜欢 什么。 我 可以 想办法！ 我 一定 要 想办法！"

汤姆 要 凯利 当 网球队 队员。 如果 凯利 是 队员， 他们 可以 一起 坐 校车 去 比赛。 他们 可以 一起 打 网球！ 汤姆 很 想要 跟 凯利 打 网球。

汤姆 想 跟 凯利 说话。 他 想要 跟她 说： "凯利， 你 可以 跟我 学 网球。 我 打网球 打得 不 错。 要不 要 跟 我 打？" 但是 汤姆 都 不 会 跟 凯利 说话。

凯利 也 不 会 跟 汤姆 说话。 她 是 巴巴拉的 朋友。 她 为什么 要 跟 她 朋友 的 弟弟 说话 呢？ 她 不 会 跟 他 说话， 因为 她 都 不 知道 汤姆 是 网球 高手。 凯利 不 知道 巴巴拉 有 那么 好的 弟弟！ 那 很 麻烦。 汤姆 很 烦恼， 但是 没有办法。

wǎngqiúduì. kǎilì yě dǎ wǎngqiú. tāngmǔ zhīdào,
kǎilì xiǎng dāng wǎngqiúduì de duìyuán.

tāngmǔ xiǎngle hěnjiǔ. tā yídìng yào xiǎngbànfǎ.
tā yào kǎilì xǐhuān tā. "wǒ zhīdào kǎilì xǐhuān shénme.
wǒ kěyǐ xiǎngbànfǎ! wǒ yídìng yào xiǎngbànfǎ!"

tāngmǔ yào kǎilì dāng wǎngqiúduì de duìyuán.
rúguǒ kǎilì shì duìyuán, tāmen kěyǐ yīqǐ zuò xiàochē
qù bǐsài. tāmen kěyǐ yīqǐ dǎ wǎngqiú! tāngmǔ hěn
xiǎngyào gēn kǎilì dǎ wǎngqiū.

tāngmǔ xiǎng gēn kǎilì shuōhuà. tā xiǎngyào
gēntā shuō: "kǎilì, nǐ kěyǐ gēnwǒ xué wángqiú. wǒ
dǎwǎngqiú dǎdé búcuò. yàobúyào gēn wǒ dǎ?" dànshì
tāngmǔ dōu búhuì gēn kǎilì shuōhuà.

kǎilì yě búhuì gēn tāngmǔ shuōhuà. tā shì bābālā
de péngyǒu. tā wèishénme yào gēn tā péngyǒu de dìdi
shuōhuà ne? tā búhuì gēn tā shuōhuà, yīnwèi tā dōu bù
zhīdào tāngmǔ shì wǎngqiú gāoshǒu. kǎilì bù zhīdào
bābālā yǒu nàme hǎode dìdi! nà hěn máfán. tāngmǔ
hěn fánnǎo, dànshì méiyǒu bànfǎ.

有一天， 汤姆 想， "我 可以 买 新 的 衣服。 凯利 会 喜欢 好看的 衣服。 如果 我 买新的 衣服， 她 可能 要 跟我 说话 了！"

汤姆 去 买了 一件 衬衫。 他 买的 衬衫 很 贵， 但是 汤姆 一定 要 买 那件。 为什么 呢？ 因为 那件 衬衫 上 有 粉红色 的 火烈鸟。 虽然 汤姆 不 喜欢 火烈鸟， 他 买了 有 火烈鸟 的 衬衫。 汤姆 买了 这件 衬衫， 因为 他的 姐姐 跟 他 说过， 凯利 喜欢 火烈鸟。 如果 凯利 喜欢 火烈鸟， 她 一定 会 喜欢 穿 有 火烈鸟 的 衬衫 的 男孩子！

今天 汤姆 要 穿 那件 有 火烈鸟的 衬衫。 他 要 凯利 看到 他的 衬衫。 "她 会 不 会 喜欢？ 她 会不 会 跟 我 说话？" 汤姆 很 高兴。 凯利 可能 今天 就 要 跟他 说话 了！他 穿上了 他 新买的 衬衫。 很 好看！

汤姆 的 母亲 叫了 他。 "汤姆！ 快一点！"

汤姆 说： "是的！ 我 就 去。" 虽然 母亲 要他 快一点， 但是 汤姆 不 生 母亲 的气， 因为 他 今天 很 高兴。 他 那么 高

yǒuyītiān, tāngmǔ xiǎng, "wǒ kěyǐ mǎi xīnde yīfú. kǎilì huì xǐhuān hǎokànde yīfú. rúguǒ wǒ mǎi xīnde yīfú, tā kěnéng yào gēnwǒ shuōhuà le!"

tāngmǔ qù mǎile yījiàn chènshān. tā mǎide chènshān hěn guì, dànshì tāngmǔ yídìng yào mǎi nàjiàn. wèishénme ne? yīnwèi nàjiàn chènshān shàng yǒu fěnhóngsè de huǒlièniǎo. suīrán tāngmǔ bù xǐhuān huǒlièniǎo, tā mǎile yǒu huǒlièniǎo de chènshān. tāngmǔ mǎile zhè jiàn chènshān, yīnwèi tāde jiějie gēn tā shuōguò, kǎilì xǐhuān huǒlièniǎo. rúguǒ kǎilì xǐhuān huǒlièniǎo, tā yídìng huì xǐhuān chuān yǒu huǒlièniǎo de chènshān de nánhǎizǐ!

jīntiān tāngmǔ yào chuān nàjiàn yǒu huǒlièniǎo de chènshān. tā yào kǎilì kàndào tāde chènshān. "tā huìbúhuì xǐhuān? tā huìbúhuì gēn wǒ shuōhuà?" tāngmǔ hěn gāoxìng. kǎilì kěnéng jīntiān jiù yào gēntā shuōhuà le tā chuānshàngle tā xīnmǎide chènshān. hěn hǎokàn!

tāngmǔ de mǔqīn tīngle tā. "tāngmǔ! kuàiyīdiǎn!"

tāngmǔ shuō, "shìde! wǒ jiù qù." suīrán mǔqīn yào tā kuàiyīdiǎn, dànshì tāngmǔ bù shēng mǔqīnde qì, yīnwèi tā jīntiān hěn gāoxìng. tā nàme gāoxìng yīnwèi tā chuān yǒu huǒlièniǎo de chènshān. kǎilì yídìng huì xǐhuān! kǎilì zěnme huì bù xǐhuān yǒu huǒlièniǎo de

兴 因为 他 穿 有 火烈鸟 的 衬衫。 凯利
一定 会 喜欢！ 凯利 怎么会 不 喜欢 有 火
烈鸟 衬衫 的 男孩子 呢？ 凯利 是 不 是 今
天 就要 跟他 说话？

汤姆 的 母亲 给 他 一个 三明治。 她
看了看 汤姆 的 衬衫。 "这件 衬衫 是不
是 新的？"

汤姆 脸红了。 他 不 好意思地 说， 他
买了 衬衫 因为 他 要 一个 女孩子 喜欢
他。 所以 他 没有 说话。 他 边 看 数学
课本 边 吃 三明治。

母亲 跟 他 说： "很 好看！ 你 今天
很 帅！ 我 喜欢 这件 衬衫。"

"谢谢！ 我 也 是。"

"但是， 你 为什么 买了 有 火烈鸟 的
衬衫？"

汤姆 不 知道 他 要 说 什么。 "因为
我...我...我 就是 喜欢。" 他 拿了 妈妈
给他 的 第二个 三明治。 巴巴拉 来了。 妈
妈 也 给 她 一个 三明治。 "快一点， 你们
两个！"

chènshān de nánháizi! kǎilì shìbúshì jīntiān jiùyào gēntā shuōhuà?

tāngmǔ de mǔqīn gěi tā yīge sānmíngzhì. tā kànlekàn tāngmǔ de chènshān. "zhèjiàn chènshān shìbúshì xīnde?"

tāngmǔ liǎnhóngle. tā bùhǎoyìsi de shuō, tā mǎile chènshān yīnwèi tā yào yīge nǚháizi xǐhuān tā. suǒyǐ tā méiyǒu shuōhuà. tā biān kàn shùxué kèběn biān chī sānmíngzhì.

mǔqīn gēn tā shuō: "hěn hǎokàn! nǐ jīntiān hěn shuài! wǒ xǐhuān zhèjiàn chènshān."

"xièxiè! wǒ yě shì."

"dànshì, nǐ wèishénme mǎile yǒu huǒlièniǎo de chènshān?"

tāngmǔ bù zhīdào tā yào shuō shénme. "yīnwèi wǒ ... wǒ ... wǒ jiùshì xǐhuān." tā nále māma gěitā de dìèrge sānmíngzhì. bābālā lái le. māma yě gěitā yīge sānmíngzhì. "kuàiyīdiǎn, nǐmen liǎngge!"

"好！"

母亲 跟 汤姆 说："可不 可以 帮我 倒 垃圾？"

汤姆 不 高兴 了。 他 不 想 倒垃圾。 他 要 去 学校 看 凯利。"那..校车 快要 来 了！"

"汤姆！ 你 不 是 三 岁的 小孩子 了。 倒垃圾 只要 一分钟。 快点 帮我 倒垃圾 吧！"

母亲 把 垃圾袋 拿给 汤姆。 汤姆 拿了 垃圾袋， 但是 他 不 小心。 垃圾袋 不 是 很 好的。 垃圾 也 很 多。 因为 汤姆 不 小心， 垃圾袋 就 坏了。 哎哟！ 汤姆 的 裤子上 有 垃圾。 汤姆 的 脸上 有 垃圾。 汤姆 衬衫 上 的 火烈鸟 上 都 有 垃圾。

巴巴拉 看 汤姆 的时候， 她 就 哈哈大 笑 了。 但是 汤姆 没有 笑。 母亲 也 没有 笑。 母亲 跟 姐姐 说："你 不 要 笑， 好不 好？"

"hǎo!"

mǔqīn gēn tāngmǔ shuō: "kěbùkěyǐ bāngwǒ dǎo lājī?"

tāngmǔ bù gāoxìng le. tā bùxiǎng dǎo lājī. tā yào qù xuéxiào kàn kǎilì. "nà xiàochē kuàiyào láile!"

"tāngmǔ! nǐ búshì sān suì de xiǎoháizǐ le. dǎo lājī zhǐyào yīfēnzhōng. kuàidiǎn bāngwǒ dǎolājī ba!"

mǔqīn bǎ lājīdài nágěi tāngmǔ. tāngmǔ nále lājīdài, dànshì tā bù xiǎoxīn. lājīdài búshì hěn hǎode. lājī yě hěn duō. yīnwèi tāngmǔ bù xiǎoxīn, lājīdài jiù huàile. āiyō! tāngmǔ de kùzǐ shàng yǒu lājī. tāngmǔ de liǎn shàng yǒu lājī. tāngmǔ chènshān shàng de huǒlièniǎo shàng dōu yǒu lājī.

bābālā kàn tāngmǔ deshíhòu, tā jiù hāhādàxiào le. dànshì tānmǔ méiyǒu xiào. mǔqīn yě méiyǒu xiào. mǔqīn gēn jiějie shuō: "nǐ búyào xiào, hǎobùhǎo?"

姐姐 说："对不 起"。 但是 她 还在 笑。

汤姆 去了 卧室。 他 看 裤子 上的 垃圾。 又臭 又难看！ 他 不 可以 穿 那条 裤子 了。 汤姆 也 看 新的 衬衫。 衬衫 上 的垃圾 很 多。 "垃圾 怎么 那么 多？ 很 臭！ 糟糕！ " 汤姆 穿上了 没有 火烈鸟 的 衬衫。 他 不 喜欢 那件 衬衫。 他 很 难 过。 今天 凯利 不 会 看到 他 买的 新衬衫 了。 她 不 会 跟 汤姆 说话。

"汤姆！ 校车 走了！ "

"糟糕！ "

jiějie shuō: "duìbùqǐ". dànshì tā háizài xiào.

tāngmǔ qùle wòshì. tā kàn kùzǐ shàng de lājī. yòu
chòu yòu nánkàn! tā bù kěyǐ chuān nàtiáo kùzǐ le.
tāngmǔ yě kàn xīnde chènshān. chènshān shàng de lājī
hěnduō. "lājī zěnme nàme duō? hěn chòu! zāogāo!"
tāngmǔ chuānshàngle méiyǒu huǒlièniǎo de chènshān.
tā bù xǐhuān nàjiàn chènshān. tā hěn nánguò. jīntiān
kǎilì

búhuì kàndào tā mǎide xīnchènshān le. tā búhuì
gēn tāngmǔ shuōhuà.

"tāngmǔ! xiàochē zǒule!"

"zāogāo!"

Chapter 3

汤姆 在 学校。 他 要去 数学课。 他 走路 走得很 快， 因为 他 喜欢 数学课。 数学 是 他 最喜欢 的 课。 他 边 走路 边 想 凯利， 所以 他 都 没有 看到 —— 那 是 谁？

对了！ 就是 凯利！ 凯利 在 跟 巴巴拉 说话。 凯利 笑了。 汤姆 喜欢 看 凯利 笑。 他 边 走路 边想： "凯利 那么 漂亮！ 她的 眼睛 很 漂亮！ 我 好 喜欢 看 她 笑！"

今天 凯利 穿着 很 漂亮的 粉红色的 毛衣 和 牛仔裤。 她的 牛仔裤 上面 有 小 火烈鸟。 好 可爱！

汤姆 边走路 边看 凯利。 他 不 看 前面。 因为 他 不 看 前面， 他 没有 看到 ， 他 前面 就有 一个 很 大 的 男孩子。

那个 男孩子 叫 卢卡。 卢卡 的 朋友 很多。 他 踢 橄榄球。 在 学校 的 女孩子 都想， 卢卡 很 帅。 卢卡的 头发 是 金色的。 他的 眼睛 是 绿色的。 他 也 很 高。

Chapter 3

tāngmǔ zài xuéxiào. tā yàoqù shùxuékè. tā zǒulù
zǒudéhěn kuài, yīnwèi tā xǐhuān shùxuékè. shùxué shì
tā zuìxǐhuān de kè. tā biān zǒulù biān xiǎng kǎilì, suǒyǐ
tā dōu méiyǒu kàndào – nà shì shéi?

duìle! jiùshì kǎilì! kǎilì zài gēn bābālā shuōhuà.
kǎilì xiàole. tāngmǔ xǐhuān kàn kǎilì xiào. tā biān zǒulù
biān xiǎng: "kǎilì nàme piàoliang! tāde yǎnjīng hěn
piàoliang! wǒ hǎo xǐhuān kàn tā xiào!"

jīntiān kǎilì chuānzhe hěn piàoliàngde fěnhóngsède
máoyī hé niúzǎikù. tāde niúzǎikù shàngmiàn yǒu xiǎo
huǒlièniǎo. hǎo kěài!

tāngmǔ biān zǒulù biān kàn kǎilì. tā búkàn
qiánmiàn. yīnwèi tā búkàn qiánmiàn, tā méiyǒu
kàndào, tā qiánmiàn jiù yǒu yīge hěn dà de nánháizǐ.

nàge nánháizǐ jiào lùkǎ. lùkǎ de péngyǒu yě
hěnduō. tā tī gǎnlǎnqiú. zài xuéxiào de nǚháizǐ dōu
xiǎng, lùkǎ hěn shuāi. lùkǎde tóufǎ shì jīnsède. tāde
yǎnjīng shì lü4sè de. tā yě hěn gāo.

今天， 卢卡 站在 他的 储物柜 前面。
他 站在那儿 吃 汉堡包。 因为 汤姆 都 在
想 凯利， 他 没有看 前面。 他 不 小心地
碰到 卢卡。

卢卡 很 生气。 "嘿！ 你 碰到 我！ 你
去 哪儿？ 你 搞什么飞机？"

汤姆 说： "对不起！ 对不起！" 但
是 卢卡 没有 听见。 卢卡 很 生气。 他
说： "我 不 喜欢 的人， 我 都 放在 垃圾
桶 里面 了！" 汤姆 不 要 卢卡 把他 放
在 垃圾桶 里面。 但是 卢卡 很 大。 他 就
把 汤姆 放在 垃圾捅 里面。 汤姆 不 要 卢
卡 把他 放在 垃圾桶 里面， 但是 因为 卢
卡 比 汤姆 大， 汤姆 没有 办法。 汤姆 很
不 高兴。 他 很 生气。 他 很 想要 叫 "
卢卡， 你 是 个 傻瓜！"

哎哟！ 就是 凯利！ 她 在看 汤姆。 凯
利 跟 汤姆 说： "你 还好 吗？" 汤姆 的
脸红了！ 他 很 想要 跟她 说话， 但是 他
太 不 好意思！ 巴巴拉 哈哈大笑 了。

jīntiān, lùkǎ zhànzài tāde chǔwùguī qiánmiàn. tā zhànzài nàr chī hànbǎobāo. yīnwèi tāngmǔ dōu

zàixiǎng kǎilì, tā méiyǒu kàn qiánmiàn. tā bùxiǎoxīnde pèngdào lùkǎ.

lùkǎ hěn shēngqì. "hei! nǐ pèngdào wǒ! nǐ qù nǎr? nǐ gǎoshénmefēijī?"

tāngmǔ shuō: "duìbùqǐ! duìbùqǐ!" dànshì lùkǎ méiyǒu tīngjiàn. lùkǎ hěn shēngqì. tā shuō: "wǒ bù xǐhuān de rén, wǒ dōu fàngzài lājītǒng lǐmiàn le!" tāngmǔ búyào lùkǎ bǎ tā fàngzài lājītǒng lǐmiàn. dànshì lùkǎ hěn dà. tā jiù bǎ tāngmǔ fàngzài lājītǒng lǐmiàn. tāngmǔ búyào lùkǎ bǎ tā fàngzài lājītǒng lǐmiàn. dànshì yīnwèi lùkǎ bǐ tāngmǔ dà, tāngmǔ méiyǒu bànfǎ. tāngmǔ hěn bù gāoxìng. tā hěn shēngqì. tā hěn xiǎngyào jiào "lùkǎ, nǐ shì ge shǎguā!"

āiyō! jiùshì kǎilì! tā zàikàn tāngmǔ. kǎilì gēn tāngmǔ shuō: "nǐ háihǎo ma?" tāngmǔ de liǎnhóngle! tā hěn xiǎngyào gēntā shuōhuà, dànshì tā hěn bùhǎoyìsi! bābālā hāhādàxiào le.

凯利 和 巴巴拉 要去 上课。 巴巴拉 看
到 汤姆 在 垃圾桶 的时候，她 哈哈大笑
了。 但是 凯利 没笑。 汤姆 不 知道 那样
好不 好。

汤姆 的 朋友 来了。 他 叫 马克。 马克
是 个 好朋友。 他 拿了 汤姆 的 背包。 汤
姆 和 马克 去 上 数学课。 他们 走路 走得
很 慢。 汤姆 要 走得慢， 因为 他 走路 的
时候， 他 都 在 看 凯利。

汤姆 跟 马克 说： "卢卡 把我 放在 垃
圾桶 里面。"

马克 说： "卢卡？ 是不 是 踢 橄榄球
的 那个 卢卡？ 糟糕！ 我们 怎么办？"

汤姆 不 要 卢卡 听到 马克 说话。 他
说： "不 要 说话 了！ 如果 卢卡 听到，
他 就会 把 我们 两个 一起 放在 垃圾桶 里
面！"

马克 说： "好的。 你 快去 上 数学
课。 今天 我 不 上课。 我 要 上 音乐
。"

kǎilì hé bābālā yàoqù shàngkè. bābālā kàndào
tāngmǔ zài lājītǒng deshíhòu, tā hāhādàxiào le. dànshì
kǎilì méixiào. tāngmǔ bù zhīdào nàyàng hǎobùhǎo.

tāngmǔ de péngyǒu láile. tā jiào mǎkè. mǎkè shì
ge hǎopéngyǒu. tā nále tāngmǔ de bēibāo. tāngmǔ hé
mǎkè qù shàng shùxuékè. tāmen zǒulù zǒudé hěn màn.
tāngmǔ yào zǒudémàn, yīnwèi tā zǒulù deshíhòu, tā
dōu zài kàn kǎilì.

tāngmǔ gēn mǎkè shuō: "lùkǎ bǎwǒ fàngzài
lājītǒng lǐmiàn."

mǎkè shuō: "lùkǎ? shìbúshì tī gǎnlǎnqiú de nàge
lùkǎ? zāogāo! wǒmen zěnmebàn?"

tāngmǔ búyào lùkǎ tīngdào mǎkè shuōhuà. tā shuō:
"búyào shuōhuà le! rúguǒ lùkǎ tīngdào, tā jiùhuì bǎ
wǒmen liǎnggè yīqǐ fàngzài lājītǒng lǐmiàn!"

mǎkè shuō: "hǎode. nǐ kuàiqù shàng shùxuékè.
jīntiān wǒ bú shàngkè. wǒ yào shàng yīnyuè."

　　所以 汤姆 一个人 去 上 数学课。 上课 的时候， 他 都 很 分心。 他 分心 因为 他 都 在 想 凯利。 他 分心， 因为 他 在 想 卢卡 的 麻烦。因为 他 那么 分心， 所以 他 没有听 数学老师 说的话。

　　汤姆 去 英文课 的时候， 马克 跟他说："我们 有 什么 数学 功课？"

　　汤姆 脸红了。 他 不 知道。 "糟糕！"

suǒyǐ tāngmǔ yīgerén qù shàng shùxuékè. shàngkè deshíhòu, tā dōu hěn fēnxīn. tā fēnxīn yīnwèi tā dōu

zài xiǎng kǎilì. tā fēnxīn, yīnwèi tā zài xiǎng lùkǎ de máfán. yīnwèi tā nàme fēnxīn, suǒyǐ tā méiyǒutīng shùxuélǎoshī shuōdehuà.

tāngmǔ qù yīngwénkè deshíhòu, mǎkè gēn tā shuō: "wǒmen yǒu shénme shùxué gōngkè?"

tāngmǔ liǎnhóngle. tā bù zhīdào. "zāogāo!"

Chapter 4

下课 以后， 汤姆 去 练习 网球。

一般来说， 汤姆 打网球 打得 很 好，但是 今天 他 打得 不 好。 他 为什么 打网球 打得 不 好 呢？ 因为 他 都 在想 卢卡 的事。 他 在 想 垃圾桶。 他 当然 也 在想 凯利。 卢卡 把他 放在 垃圾桶 里面，凯利 看到了 没有？ 她 跟 巴巴拉 上课 的时候，她 笑了 汤姆 吗？ 还是 她 什么 都 没有 说？

汤姆 也 在想 数学课。 今天 他 上 数学 课 的时候， 他 什么 都 不 懂。 他 不 知 道 今天 的 功课 是 什么！ 怎么办？

汤姆 分心， 因为 数学课的 麻烦。 网 球 飞得 很 快。 汤姆 没有 看到。"糟 糕！"

一般来说， 他 会 问 马克， 但是 今天 马克 没有 上 数学课。 "哎哟， 为什么 他 今天 没有 上课 呢？ 我 可以 问 谁？" 但是 没有 人。 马克 也 是 不 太懂 数学 的。 一般来说 是 汤姆 要 帮 马克 做 数学 功课， 而不 是 马克 要 帮助 汤姆。

Chapter 4

xiàkè yǐhòu, tāngmǔ qù liànxí wǎngqiú.

yìbānláishuō, tāngmú dǎwǎngqiú dǎdé hěn hǎo, dànshì jīntiān tā dādé bùhǎo. tā wèishěnme dǎwǎngqiú dǎdé bù hǎo ne? yīnwèi tā dōu zài xiǎng lùkǎ de shì. tā zài xiǎng lājītǒng. tā dāngrán yě zàixiǎng kǎilì. lùkǎ bǎ tā fàngzài lājītǒng lǐmiàn. kǎilì kàndàole méiyǒu? tā gēn bābālā shàngkè deshíhòu, tā xiàole tāngmǔ ma? háishì tā shénme dōu méiyǒu shuō?

tāngmǔ yě zàixiǎng shùxuékè. jīntiān tā shàng shùxuékè deshíhòu, tā shénme dōu bùdǒng. tā bù zhīdào jīntiān de gōngkè shì shénme! zěnme bàn?

tāngmǔ fēnxīn, yīnwèi shùxuékède máfān. wǎngqiú fēidé hěn kuài. tāngmǔ méiyǒu kàndào. "zāogāo!"

yìbānláishuō, tā huì wèn mǎkè, dànshì jīntiān mǎkè méiyǒu shàng shùxuékè. "āiyō, wèishénme tā jīntiān méiyǒu shàngkè ne? wǒ kěyǐ wèn shéi?" dànshì méiyǒu rén. mǎkè yě shì bútàidǒng shùxué de. yìbānláishuō shì tāngmǔ yào bāng mǎkè zuò shùxué gōngkè, érbúshì mǎkè yào bāngzhù tāngmǔ.

"如果 卢卡 没有 把我 放在 垃圾桶 里面， 我 不 会 在想 凯利 看到了 没有。 如果 我 不 想 凯利 看到了 没有， 我 就 会 听懂 数学课， 也 会 知道 今天 的 功课 是 什么。 哎哟！ 都是 卢卡 的 错！"

"碰！" 那 是 什么？ 是 网球！ 网球 就 撞到了 汤姆 的 头。 教练 做了 鬼脸。 "汤姆！ 你 怎么 了？"

都是 卢卡 的错！ 教练 不 高兴 了。 汤姆 不 知道 数学 功课 是 什么。 都是 因为 卢卡 把 他 放在 垃圾桶 里面！但是 他 还 是 不 知道 数学 功课 是 什么。 他 打网球 打得 很 不 好。 他 都 不 在想 网球。 没 办法！

网球 教练 说："你 怎么 那么 分心 呢？"他 很 不 高兴。

网球队 的 教练 姓 王。 他 是 中国人。 在 中国， 他 是 网球 高手。 他 是 中国 网球队 的 队员。 他 不 喜欢 网球队 的 队 员 打得 不 好。

"rúguǒ lùkǎ méiyǒu bǎwǒ fàngzài lājītǒng lǐmiàn, wǒ búhuì zài xiǎng kǎilì kàndàole méiyǒu. rúguǒ wǒ bú xiǎng kǎilì kàndàole méiyǒu, wǒ jiù huì tīngdǒng shùxuékè, yě huì zhīdào jīntiān de gōngkè shì shénme. āiyō! dōushì lùkǎ de cuò!"

"pèng!" nà shì shénme? shì wǎngqiú! wǎngqiú jiù zhuàngdàole tāngmǔ de tóu. jiàoliàn zuòle guǐliǎn. "tāngmǔ! nǐ zěnme le?"

dōushì lùkǎ de cuò! jiàoliàn bù gāoxìng le. tāngmǔ bù zhīdào shùxué gōngkè shì shénme. dōushì yīnwèi lùkǎ bǎ tā fàngzài lājītǒng lǐmiàn! dànshì tā háishì bù zhīdào shùxué gōngkè shì shénme. tā dǎwǎngqiú dǎdé bù hǎo. tā dōu bú zàixiǎng wǎngqiú. méibànfǎ!

wǎngqiú jiàoliàn shuō: "nǐ zěnme nàme fēnxīn ne?" tā hěn bù gāoxīng.

wǎngqiúduì de jiàoliàn xìng wáng. tā shì zhōngguórén. zài zhōngguó, tā shì wǎngqiú gāoshǒu. tā shì zhōngguó wǎngqiúduì de duìyuán. tā bù xǐhuān wǎngqiúduì de duìyuán dǎdé bù hǎo.

王教练 看到了 汤姆 打网球 的时候 分心了。 他 很 不 高兴。 "你 怎么 打得 这么糟糕 呢? 我们 明天 有 比赛! 你 要 打得好! 你 怎么 了?"

一般来说, 王教练 不 会 骂 汤姆。 但是 今天, 汤姆 打得 不 好, 所以 教练 就骂 他 了。

教练 骂 他 的时候, 汤姆 什么 都 不说。 他 知道 他 今天 打得 很 不 好。 他很 不 好意思。 他 知道, 他 打得 不 好是 因为 他 分心。 但是 他 不 会 跟 教练说 凯利 的事。 他 想: "我 不 要 再 想女孩子 了! 我 要 想 网球!"

汤姆 没 告诉 教练, 他 有 数学课 的麻烦。 教练 知道 汤姆 都 会 帮助 同学 做数学功课。 教练 不 知道 汤姆 今天 上课的时候 没有 好好 听 老师。 汤姆 不 要 教练 知道 他 在 学校 有 麻烦。

汤姆 走路 回家 的时候, 他 边走路 边想 凯利。 因为 他 今天 打 网球 打得 不好, 所以 他 很 难过。 他 也 知道 教练 不 高兴。 汤姆 想: "还好 凯利 没有去。 我 今天 打网球 打得 很 不 好, 但是还好 凯利 没有 看到 我 打得 不 好!"

wángjiàoliàn kàndàole tāngmǔ dǎ wǎngqiú
deshíhòu fēnxīn le. tā hěn bù gāoxìng. "nǐ zěnme dǎdé
zhème zāogāo ne? wǒmen míngtiān yǒu bǐsài! nǐ yào
dǎdé hǎo! nǐ zěnme le?"

yìbānláishuō, wángjiàoliàn búhuì mà tāngmǔ.
dànshì jīntiān, tāngmǔ dǎdé bùhǎo, suǒyǐ jiàoliàn jiù
mà tā le.

jiàoliàn mà tā deshíhòu, tāngmǔ shénme dōu
bù shuō. tā zhīdào tā jīntiān dǎdé hěn bù hǎo. tā hěn
bùhǎoyìsi. tā zhīdào, tā dǎdé bù hǎo shì yīnwèi tā
fēnxīn. dànshì tā bú huì gēn jiàoliàn shuō kǎilì de shì.
tā xiǎng: "wǒ bú yào zài xiǎng nǚháizǐ le! wǒ yào
xiǎng wǎngqiú!"

tāngbǔ méi gàosù jiàoliàn, tā yǒu shùxuékède
máfān. jiàoliàn zhīdào tāngmú dōu huì bāngzhù
tóngxué zuò shùxuégōngkè. jiàoliàn bù zhīdào tāngmǔ
jīntiān shàngkè deshíhòu méiyǒu hǎohāo tīng lǎoshī.
tāngmǔ bú yào jiàoliàn zhīdào tā zài xuéxiào yǒu
máfán.

tāngmǔ zǒulù deshíhòu, tā biān zǒulù biān xiǎng
kǎilì. yīnwèi tā jīntiān dǎwǎngqiú dǎdé bù hǎo, suǒyǐ tā
hěn nánguò. tā yě zhīdào jiàoliàn bù gāoxìng. tāngmǔ
xiǎng: "háihǎo kǎilì méiyǒu qù. wǒ jīntiān dǎwǎngqiú
dǎdé hěn bù hǎo, dànshì háihǎo kǎilì méiyǒu kàndào
wǒ dǎdé bù hǎo!"

汤姆 在想 明天 的 网球比赛。 "我 要 凯利 看 我 打 网球 打得 很 好。 我 要 赢！ 我 想 帮助 凯利 学好 网球。 如果 她 是 网球队 的 队员， 我们 就 可以 一起 打 网球。 太好了！"

汤姆 看到了 凯利！ 她 也 走路 回家 去。 但是 汤姆 看到 凯利 的时候，就 开始 下雨了。 汤姆 开始 跑。 他 要跑 因为 下 雨了。 但是 雨 很 大。 泥巴 很 多。 汤姆 跌倒了。 他 跌进 泥巴 中。 他的 衬衫 和 裤子 都是 泥巴。

汤姆 在 泥巴 中 的时候， 他 听到了： "凯利！ 你看！ 那个 傻瓜 在 泥巴 中！" 就是 卢卡！ 卢卡 也 看到了 凯利。 卢卡 要笑 汤姆。

凯利 看了看 后面。 汤姆 以为 他 看到 了 他 在 泥巴 里。 但是 凯利 说： "你 是 谁？ 我 什么 都 看不 见！"

卢卡 跑到 凯利 那儿。虽然 泥巴 很 多， 卢卡 没有 跌倒。 卢卡 和 凯利 一起 走到 凯利 的家。 卢卡 跟 凯利 说："再 见！"

tāngmǔ zài xiǎng míngtiān de wǎngqiú bǐsài. "wǒ yào kǎilì kàn wǒ dǎ wǎngqiú dǎdé hěn hǎo. wǒ yào yíng!

wǒ xiǎng bāngzhù kǎilì xuéhǎo wǎngqiú. rúguǒ tā shì wǎngqiúduì de duìyuán, wǒmen jiù kěyǐ yīqǐ dǎ wǎngqiú. tàihǎole!"

tāngmǔ kàndàole kǎilì! tā yě zǒulù huíjiā qù. dànshì tāngmǔ kàndào kǎilì deshíhòu, jiù kǎishǐ xiàyǔle. tāngmǔ kāishǐ pǎo. tā yào pǎo yīnwèi xiǎyǔle. dànshì yǔ hěn dà. níbā hěn duō. tāngmǔ diēdǎole. tā diējìn níbā zhōng. tāde chènshān hé kùzǐ dōushì níbā.

tāngmǔ zài níbā zhōng deshíhòu, tā tīngdào le: "kǎilì! nǐ kàn! nàge shǎguā zài níbā zhōng!" jiùshì lùkǎ! lùkǎ yě kàndàole kǎilì. lùkǎ yàoxiào tāngmǔ.

kǎilì kànlekàn hòumiàn. tāngmǔ yǐwéi tā kàndàole tā zài níbā lǐ. dànshì kǎilì shuō: "nǐ shì shéi? wǒ shénme dōu kànbújiàn!"

lùkǎ pǎodào kǎilì nàr. suīrán níbā hěn duō, lùkǎ méiyǒu diēdǎo. lùkǎ hé kǎilì yīqǐ zǒudào kǎilì de jiā. lùkǎ gēn kǎilì shuō: "zài jiàn!"

汤姆 听 他们 两个人 说话。 他 很
过。 他 慢慢地 走回家。 虽然 雨 很
但是 汤姆 走路 走得 很 慢， 因为 他 在
想 凯利。 他 在 想 卢卡 和 凯利。 "凯利
是不 是 喜欢 卢卡？"

在家， 汤姆 想了 很 久。 他 在 他的
房间 里面 做了 功课。 他 的 英文 功课 都
做好了， 化学功课 也 做好了。 但是 他 怎
么 做好 数学课的 功课？ 他 不 知道 数学
功课 是 什么 呢！

"对了！ 老师 每天 都 把 功课 写在 网
站 上！" 汤姆 开了 电脑。 他 上网 看了
数学老师 的 网站。 还好 老师 把 功课 写
上去了。 现在 汤姆 知道 他 要 做 什么 功
课 了。

因为 汤姆 的 数学 好， 今天 的 功课
不 太难。 但是 他 做 数学功课 还是 做得
很 慢。 他 做得 不 快， 因为 他 还在 想
凯利 和 卢卡 的事。

汤姆 的 母亲 跟他 说： "你 功课 怎么
做得 那么 慢？"

tāngmǔ tīng tāmen liǎnggèrén shuōhuà. tā hěn
nánguò. tā mànmànde zǒuhuíjiā. suīrán yǔ hěn dà,
dànshì tāngmǔ zǒulù zǒudé hěn màn, yīnwèi tā
zàixiǎng kǎilì. tā zài xiǎng lùkǎ hé kǎilì. "kǎilì shìbúshì
xǐhuān lùkǎ?"

zàijiā, tāngmǔ xiǎngle hěnjiǔ. tā zài tāde fángjiān
lǐmiàn zuòle gōngkè. tā de yīngwén gōngkè dōu
zuòhǎole, huàxuégōngkè yě zuòhǎole. dànshì tā zěnme
zuòhǎo shùxuékède gōngkè? tā bù zhīdào shùxué
gōngkè shì shénme!

"duìle! lǎoshī měitiān bǎ gōngkè xiězài wǎngzhàn
shàng!" tāngmǔ kāile diànnǎo. tā shàngwǎng kànle
shùxué lǎoshī de wǎngzhàn. háihǎo lǎoshī bǎ gōngkè
xiěshàngqùle. xiànzài tāngmǔ zhīdào tā yào zuò
shéngme gōngkè le.

yīnwèi tāngmǔ de shuxué hǎo, jīntiān de gōngkè
bú tàinán. dànshì tā zuò shùxuégōngkè háishì zuòde
hěn màn. tā zuòdé bú kuài, yīnwèi tā hái zài xiǎng kǎilì
hé lùkǎ de shì.

tāngmǔ de mǔqīn gēn tā shuō: "nǐ gōngkè zěnme
zuòdé nàme màn?"

汤姆 不 好意思。 他 想 跟 妈妈 说："我 买了 那件 有 火烈鸟 的 衬衫， 是 因为 我 喜欢 凯利。 但是 我 要 去 上学 的 时候， 衬衫 上 不 是 火烈鸟 了， 而是 垃圾！ 我 买了 那件 有 火烈鸟 的 衬衫 因为 我 要 凯利 喜欢 我。 在 学校 卢卡 把 我 放在 垃圾桶 里面。 我 打网球 打得 不好， 所以 教练 不 高兴。 回家 的时候， 我 在 泥巴 中 跌倒了。 还有， 卢卡 去了 凯利的 家！"

但是 汤姆 不 好意思， 所以 他 都 没有 说话， 所以 妈妈 就 走了。

汤姆 不 想 做功课 了。 他 要 做 什么？ 对了！ 他 要 写 一个 计划。 汤姆 要 凯利 喜欢他， 所以 他 要 写 很 好的 计划。 汤姆 的 计划 是：

1. 做 蛋糕 给 凯利 吃。
2. 买 巧克力 给 凯利 吃。
3. 写信 给 凯利。
4. 买 玫瑰花 给 凯利。
5. 唱歌 给 凯利 听。
6. 帮 凯利 学好 网球。
7. 买 火烈鸟 给 凯利。

tāngmǔ bùhǎoyìsi. tā xiǎng gēn māma shuō: "wǒ mǎile nàjiàn yǒu huǒlièniǎo de chènshān, shì yīnwèi wǒ xǐhuān kǎilì. dànshì wǒ yào qù shàngxué deshíhòu, chènshān shàng búshì huǒlièniǎo le, érshì lājī! wǒ mǎile nàjiàn yǒu huǒlièniǎo de chènshān yīnwèi wǒ yào kǎilì xǐhuān wǒ. zài xuéxiào lùkǎ bǎ wǒ fàngzài lājītǒng lǐmiàn. wǒ dǎwǎngqiú dǎdé búhǎo, suǒyǐ

jiàoliàn bù gāoxìng. huíjiā deshíhòu, wǒ zài níbā zhōng diēdǎole. háiyǒu, lùkǎ qùle kǎilìde jiā!"

dànshì tāngmǔ bùhǎoyìsi, suǒyǐ tā dōu méiyǒu shuōhuà, suǒyǐ māma jiù zǒule.

tāngmǔ bù xiǎng zuò gōngke le. tā yào zuò shénme? duìle! tā yào xiě yīge jìhuà. tāngmǔ yào kǎilì xǐhuān tā, suǒyǐ tā yào xiě hěn hǎode jìhuà. tāngmǔ de jìhuà shì:

1. zuò dàngāo gěi kǎilì chī.
2. mǎi qiǎokèlì gěi kǎilì chī.
3. xiěxìn gěi kǎilì.
4. mǎi méiguīhuā gěi kǎilì.
5. chànggē gěi kǎilì tīng.
6. bāng kǎilì xuéhǎo wǎngqiú.
7. mǎi huǒlièniǎo gěi kǎilì.

汤姆 高兴 了， 因为 现在 他 有 计划 了。 现在 他 知道 他 要 做 什么。 现在 他 笑了。 功课 做好了 以后， 他 就要 做 蛋糕。 现在 他 不 想 卢卡 了。

tāngmǔ gāoxìng le, yīnwèi xiànzài tā yǒu jìhuàle. xiànzài tā zhīdào tā yào zuò shénme. xiànzài tā xiàole. gōngkè zuòhǎole yǐhòu, tā jiùyào zuò dàngāo. xiànzài tā bùxiǎng lùkǎ le.

Chapter Five

第二天 早上 六点钟， 汤姆 看了 他 做 的 蛋糕。 他 不 是 做了 一个 大的 蛋糕 的。 他 做了 很 多 小蛋糕。 每个 小蛋 糕 上面 都 有 一个 很 小的 粉红色的 火烈 鸟。 汤姆 要吃 一个 三明治。 他 边吃 三 明治 边 做 英文功课。 他 要 很 快 就 把 功课 做好， 因为 他 不 要 母亲 和 姐姐 看到 他做的 小蛋糕。 六点半 他 就要 去 学校 了。 他 看了看。 有没有 第二个 三明 治？ 没有！ 哎哟！ 很 麻烦。 但是 现在 六点半 了。 汤姆 就 要走了。 他 要去 学 校。

汤姆 的 姐姐 去 汤姆的 卧室。 她 说： "汤姆！ 你 在 那儿？ 你 怎么 不 在 卧室 呢？ 我 要 你 帮我 把 数学 功课 做好。 你 在 那儿？"

但是 汤姆 不 在 他的 卧室。 他 在 学 校。 小蛋糕 也 在 学校。 但是 有 一个 很 很 重要的 东西 不 在 学校。 就是 汤姆 的 计划。 因为 姐姐 在 汤姆的 卧室， 她 看 到了 汤姆 写的 计划。

Chapter Five

dìértiān zǎoshàng liùdiǎnzhōng, tāngmǔ kànle
tā zuòde dàngāo. tā búshì zuòle yīge dàde dàngāo
de. tā zuòle hěnduō xiǎo dàngāo. měige xiǎo dàngāo
shàngmiàn dōu yǒu yīge hěn xiǎode fěnhóngsède
huólièniǎo. tāngmǔ yào chī yīge sānmíngzhì. tā biān
chī sānmíngzhì biān zuò yīngwéngōngkè. tā yào hěn
kuài jiù bǎ gōngkè zuòhǎo, yīnwèi tā búyào mǔqīn
hé jiějie kàndào tāzuòde xiǎo dàngāo. liùdiǎnbàn tā
jiùyào qù xuéxiào le. tā kànlekàn. yǒuméiyǒu dìèrge
sānmíngzhì? méiyǒu! āiyō! hěn máfán. dànshì xiànzài
liùdiǎnbàn le. tāngmǔ jiù yào zǒule. tā yàoqù xuéxiào.

tāngmǔ de jiějie qù tāngmǔde wòshì. tā shuō:
"tāngmǔ! nǐ zài nǎr? nǐ zěnme búzài wòshì ne? wǒ yào
nǐ bāngwǒ bǎ shùxué gōngkè zuòhǎo. nǐ zài nǎr?"

dànshì tangmǔ bú zài tāde wòshì. tā zài xuéxiào.
xiǎo dànggāo yě zài xuéxiào. dànshì yǒu yīge hěn
zhòngyàode dōngxī bú zai xuéxiào. jiù shì tāngmǔ de
jìhuà. yīnwèi jiějie zài tāngmǔde wòshì, tā kàndàole
tángmǔ xiěde jìhuà.

1. 做 蛋糕 给 凯利 吃。
2. 买 巧克力 给 凯利 吃。
3. 写信 给 凯利。
4. 买 玫瑰花 给 凯利。
5. 唱歌 给 凯利 听。
6. 帮 凯利 学好 网球。
7. 买 火烈鸟 给 凯利。"

巴巴拉 哈哈大笑了。 "我 弟弟 要 做 蛋糕 吗？ 谁 要 吃 他的 蛋糕？"

巴巴拉 去了 学校。 她 手中 有 汤姆的 计划。 但是 她 不 小心。 她 把 汤姆 的 计划 放在 她 数学 课本 中。 卢卡 跟 巴巴拉 说话 的时候 就 看到了 书中 的 计划。 他 看了 汤姆 的 计划。 卢卡 看完了 计划 就 想： "很 好 的 计划！" 他 笑了。

汤姆 的 英文 老师 姓 黄。 黄先生 快 要 上课 了。 他 也 是 巴巴拉 和 凯利 的 英文 老师。 汤姆 去 黄先生 那儿。 他 说："黄老师 早。"

黄老师 看着 汤姆。 "汤姆， 你好。 你 有事 吗？"

1. zuò dàngāo gěi kǎilì chī.
2. mǎi qiǎokèlì gěi kǎilì chī.
3. xiěxìn gěi kǎilì.
4. mǎi méiguīhuā gěi kǎilì.
5. chànggē gěi kǎilì tīng.
6. bāng kǎilì xuéhǎo wǎngqiú.
7. mǎi huǒlièniǎo gěi kǎilì.

bābālā hāhādàxiào le. "wǒ dìdi yào zuò dàngāo ma? shéi yào chī tāde dàngāo?"

bābālā qùle xuéxiào. tā shǒuzhōng yǒu tāngmǔde jìhuà. dànshì tā bù xiǎoxīn. tā bǎ tāngmǔ de jìhuà fàngzài tā shùxué kèběn zhōng. lùkǎ gēn bābālā shuōhuà deshíhòu jiù kàndàole shūzhōng de jìhuà. tā kànle tángmǔ de jìhuà. lùkǎ kànwánle jìhuà jiù xiǎng: "hěn hǎo de jìhuà!" tā xiàole.

tāngmǔ de yīngwén lǎoshī xìng huáng. huángxiānshēng kuàiyào shàngkè le. tā yě shì bābālā hé kǎilì de yīngwén lǎoshī. tāngmǔ qù huángxiānshēng nàr. tā shuō: "huáng lǎoshī zǎo."

huánglǎoshī kànzhe tāngmǔ. "tāngmǔ, nǐ hǎo. nǐ yǒushì ma?"

"是的。 我 有 一件 小事。 不 知道 你 可不 可以 把 这些 小蛋糕 给 凯利？ 我 要 去上 数学 课 了。"

黄老师 说："没问题！"他 笑了。 汤 姆 也 笑了。

"谢谢！" 汤姆 去 上课。 因为 他 在 想 那些 小蛋糕， 他 没有 看到 卢卡 在 看 他的 计划。

汤姆的 朋友 马克 走过来。 马克 跟 汤 姆 说："今天的 网球 比赛 我们 会不 会 赢？"

"马克，你好！"

"今天 不 太好。 昨天 的 数学 功课 太 难了。 你 做好了 吗？"

汤姆 脸红 了。 他 不 好意思， 因为 他 昨天 没有 帮 他的 朋友 做好 数学课 的 功 课。 但是 他 什么 都 不 说。

汤姆 说："我 今天 也 很 糟糕。 我 没有 三明治 吃。"

"shìde. wǒ yǒu yījiàn xiǎoshì. bùzhīdào nǐ
kěbùkěyǐ bǎ zhèxiē xiǎo dàngāo gěi kǎilì? wǒ yào
qùshàng shùxué kè le."

huáng lǎoshī shuō: "méiwèntí!" tā xiàole.

"xièxiè!" tāngmǔ qù shàngkè. yīnwèi tā zàixiǎng
nàxiē xiǎo dàngāo, tā méiyǒu kàndào lùkǎ zài kàn tāde
jìhuà.

tāngmǔde péngyǒu mǎkè zǒuguòlái. mǎkè gēn
tāngmǔ shuō: "jīntiānde wǎngqiú bǐsài wǒmen
huìbúhuì yíng?"

"mǎkè, nǐ hǎo!"

"jīntiān bú tài hǎo. zuótiān de shùxué gōngkè
tàinánle. nǐ zuòhǎole ma?

tāngmǔ liǎnhóngle. tā bùhǎoyìsi, yīnwèi tā zuótiān
méiyǒu bāng tāde péngyǒu zuòhǎo shùxuékè de
gōngkè. dànshì tā shénme dōu bù shuō.

tāngmǔ shuō: "wǒ jīntiān yě hěn zāogāo. wǒ
méiyǒu sānmíngzhì chī."

马克 问：“为什么？ 你 天天 都 有 三明治。 你 有 钱 吗？”

“也 没有。 我 今天 什么 都 没有， 因为 我 昨天 做了 小 蛋糕 给 凯利 吃。”

马克 看了 汤姆 一眼。 “你 做了 小蛋糕 给 凯利 吃 吗？ 那 我 呢？ 我 也 很 喜欢吃 蛋糕， 你 知道 吗？”

汤姆 脸红了。 “不 好意思， 是 因为 我 —— 我 ——”

马克 说： “好了，好了。 喜欢 吃 小蛋糕 的凯利 是 谁？”

“她 是 我 姐姐 的 朋友。 头发 很 长 的、很 漂亮 的 那位。 喜欢 粉红色 和 火烈鸟 的 那位。 你 知道 吧？”

“漂亮的 女孩子 很 多。 你 为什么 要 做 小蛋糕 给 这位 吃？”

“因为 我 想 跟她 说话。”

“你 要 跟他 说话， 所以 你 做了 小蛋糕 给他 吃 吗？ 你 很 奇怪！”

măkè wèn: "wèishénme? nǐ tiāntiān dōu yǒu sānmíngzhì. nǐ yǒu qián ma?"

"yě méiyǒu. wǒ jīntiān shénme dōu méiyǒu, yīnwèi wǒ zuótiān zuòle xiǎo dàngāo gěi kǎilì chī."

măkè kànle tāngmǔ yīyǎn. "nǐ zuòle xiǎo dàngāo gěi kǎilì chī ma? nà wǒ ne? wǒ yě hěn xǐhuān chī dàngāo, nǐ zhīdào ma?"

tāngmǔ liǎnhóngle. "bùhǎoyìsi, shì yīnwèi wǒ – wǒ –"

măkè shuō: "hǎole, hǎole. xǐhuān chī xiǎo dàngāo dekǎilì shì shéi?"

"tā shì wǒ jiějie de péngyǒu. tóufǎ hěn chángde, hěn piàoliang de nàwèi. xǐhuān fěnhóngsè hé huǒlièniǎo de nàwèi. nǐ zhīdào ba?"

"piàoliang de nǚháizǐ hěnduō. nǐ wèishénme yào zuò xiǎo dàngāo gěi zhèwèi chī?"

"yīnwèi wǒ xiǎng gēntā shuōhuà."

"nǐ xiǎng gēntā shuōhuà, suǒyǐ nǐ zuòle xiǎo dàngāo gěi kǎilì chī ma? nǐ hěn qíguài!"

　　马克 和 汤姆 去 上 数学课。 今天 汤姆 不 分心 了。 他 都 听 老师 说的话。 他 什么 都 懂。

　　下课 的时候， 汤姆 走到 英文课 去。 一个 金色 头发 的 女孩子 跟他 说： "汤姆！ 谢谢你！ 我 很 喜欢 小蛋糕！ 你 很 可爱！"

　　汤姆 不 懂。 为什么 这个 女孩子 要 谢谢 他？ 他 边看 女孩子 边想。 他 不 懂 为什么 一个 他不 认识的 女孩子 会 跟他说 谢谢。 她 为什么 跟他 说 小蛋糕 呢？

　　卢卡 来了。 "凯利， 你好！"

　　汤姆 看了 跟他 说话 的 女孩子。 "凯利？"

　　女孩子 笑了。 "是的。 什么事？"

　　汤姆 说： "没事。 那么， 请问， 你的 英文 老师 是不 是 黄老师？"

　　"是的。 他 不 错！ 啊， 不 好意思， 我 要走了。 快要 上课 了！ 拜拜！"

măkè hé tāngmŭ qù shàng shùxuékè. jīntiān
tāngmŭ bù fēnxīn lē. tā dōu tīng lăoshī shuōdehuà. tā
shénme dōu dŏng.

xiàkè deshíhòu, tāngmŭ zŏudào yīngwénkè qù.
yīge jīnsè tóufă de nŭháizĭ gēntā shuō: "tāngmŭ!

xièxiè nĭ! wŏ hěn xĭhuān xiăo dàngāo! nĭ hěn
kěài!"

tāngmŭ bùdŏng. wèishénme zhège nŭháizĭ yào
xièxiè tā? tā biān kàn nŭháizĭ biān xiăng. tā bùdŏng
wèishénme yīge tābúrènshide nŭháizĭ huì gēntā shuō
xièxiè. tā wèishénme gēntā shuō xiăo dàngào ne?

lùkă lái le. "kăilì, nĭ hăo!"

tāngmŭ kànle gēntā shuōhuà de nŭháizĭ. "kăilì?"

nŭháizĭ xiàole. "shìde. shénme shì?"

tāngmŭ shuō: "méishì. nàme, qĭngwèn, nĭde
yīngwén lăoshī shìbúshì huánglăoshī?"

"shìde. tā búcuò! a, bùhăoyìsi! wŏ yào zŏule.
kuàiyào shàngkè le! bàibài!"

马克 跟 汤姆 说："你 不 是 说， 凯利 的 头发 很 长？ 那个 女孩子 的 头发 一点 都 不 长！"

汤姆 不 高兴 地 说："我 知道。"

汤姆 慢慢地 去上 英文课。 在 那儿， 黄老师 跟他 说："啊， 汤姆！ 我 给她 你的 小蛋糕 的时候， 凯利 很 高兴！ 她 说， 她 很 喜欢 吃 蛋糕！ 她 说 我 要 谢 谢 你。"

汤姆 有 一点点 生气。 黄老师 怎么 把 小蛋糕 给 错的 凯利？怎么 有 两个 凯利？ 汤姆 上 英文课 的时候， 他 很 分心。

"糟糕！"

mǎkè gēn tāngmǔ shuō: "nǐ bú shì shuō, kǎilì de tóufǎ hěn cháng? nàge nǚháizǐ de tóufǎ yīdiǎn dōu bù cháng!"

tāngmǔ bù gāoxìng de shuō: "wǒ zhīdào."

tāngmǔ mànmànde qùshàng yīngwénkè. zài nar4, huáng lǎoshī gēntā shuō: "a, tāngmǔ! wǒ gěi tā nǐde xiǎo dàngāo deshíhòu, kǎilì hěn gāoxìng! tā shuō, tā hěn xǐhuān chī dàngāo! tā shuō wǒ yào xièxiè nǐ."

tāngmǔ yǒu yīdiǎndiǎn shēngqì. huánglǎoshī zěnme bǎ xiǎo dàngāo gěi cuòde kǎilì? zěnme yǒu liǎngge kǎilì? tāngmǔ shàng yīngwénkè deshíhòu, tā hěn fēnxīn.

"zāogāo!"

Chapter 6

汤姆 走到 校车 那里。 现在 三点钟 了。 他 上了 校车。 在 校车 上， 他 听到了 一些 女孩子 说的话。 她们 很 高兴 地 说话。 "凯利 很 高兴 了， 不 是吗？ 她 爱上了 汤姆 了！ 她 以为 汤姆 不 喜欢 她， 但是 今天 汤姆 做了 小蛋糕 给她 吃！ 很 浪漫 很 浪漫 啊！"

"我 也要 一个 会 做 蛋糕 给我吃 的 男朋友！"

"那个 汤姆 很 好， 不 是吗？"

汤姆 听到了 她们 的 话， 但是 他 不 知道 要 怎么办。 他 不 要 对 第二个 凯利 不 好， 但是 他 不 喜欢 第二个 凯利。 他 喜欢 第一个 凯利。 怎么 这么 糟糕 呢？

汤姆 到了 网球 比赛。 教练 走过来 跟 他 说话。 "汤姆， 今天 是 很 重要 的 比赛。 你 不要 分心 吧！ 你 一定 要 打得 好！"

"是的， 教练。 我 知道。 我 不 会 分心。 我 一定 要 打赢！"

Chapter 6

tāngmŭ zǒudào xiàochē nàlǐ. xiànzài sāndiǎnzhōng le. tā shàngle xiàochē. zài xiàochē shàng, tā tīngdàole yīxiē nǚháizǐ shuōdėhuà. tāmen hěn gāoxìngde shuōhuà. "kǎilì hěn gāoxìng le, búshì ma? tā àishàngle tāngmŭ le! tā yǐwéi tāngmŭ bù xǐhuān tā, dànshì jīntiān tāngmŭ zuòle xiǎo dàngāo gěitā chī! hěn làngmàn hěn làngmàn a!"

"wǒ yěyào yīge huì zuò dàngāo gěiwǒchī de nánpéngyǒu!"

"nàge tāngmŭ hěn hào, búshì ma?"

tāngmŭ tīngdàole tāmen de huà, dànshì tā bùzhīdào yào zěnmebàn. tā búyào duì dièrge kǎilì bùhǎo, dànshì tā bù xǐhuān dièrge kǎilì. tā xǐhuān dìyīge kǎilì. zěnme zhème zāogāo ne?

tāngmŭ dàole wǎngqiú bǐsài. jiàoliàn zǒuguòlái gēntā shuōhuà. "tāngmŭ, jīntiān shì hěn zhòngyàode bǐsài. nǐ búyào fēnxīn ba! nǐ yídìng yào dǎdé hǎo!"

"shìde, jiàoliàn. wǒ zhīdào. wǒ búhuì fēnxīn. wǒ yídìng yào dǎyíng!"

汤姆 打网球 的时候， 他 一点 也 不 分心。 他的 朋友 都 叫 "加油！ 加油！" 汤姆 打得 很 好。 他 赢了！ 他 很 高兴。 朋友 和 教练 都 很 高兴， 因为 汤姆 赢了 很 重要的 比赛。

汤姆 的 父母 走了过来。 "很 好， 汤姆！ 喝水吧！"

汤姆 看到了 巴巴拉。 啊！ 在 巴巴拉 右边 的人 是 谁？ 是不 是 凯利？ 是的！ 就是 凯利！

汤姆 走过去 跟 巴巴拉 和 凯利 说话。 巴巴拉 笑了。 "打得 还好。" 汤姆 看了 凯利。 她 没有 笑。 凯利 没有 看 汤姆。 她 都 在看 巴巴拉。 为什么 凯利 不 看 他？

汤姆 想了想 他 要 跟 凯利 说 什么 话。 他 赢了 很 重要 的 网球 比赛。 凯利 怎么 不 会 喜欢 赢了 大比赛 的人 呢？ 汤姆 要 跟 凯利 说： "凯利， 你 也 想 打 网球， 对不 对？ 我 可以 帮你 学！ 你 可以 当 网球队 的 队员！"

tāngmǔ dǎ wǎngqiú deshíhòu, tā yīdiǎn yě bù
fēnxīn. tāde péngyǒu dōu jiào "jiāyóu! jiāyóu!" tāngmú
dǎdé hěn hǎo. tā yínglē! tā hěn gāoxìng. péngyǒu hé
jiàoliàn dōu hěn gāoxìng, yīnwèi tāngmǔ yíngle hěn
zhòngyàode bǐsài.

tāngmǔ de fùmǔ zǒule guòlái. "hěn hǎo, tāngmǔ!
hēshuǐ ba!"

tāngmǔ kàndàole bābālā. a! zāi bābālā yòubiān
derén shì shéi? shìbúshì kǎilì? shìde! jiùshì kǎilì!

tāngmǔ zǒuguòqù gēn bābālā hé kǎilì shuōhuà.
bābālā xiào le. "dǎdé háihǎo." tāngmǔ kànle kǎilì. tā
méiyǒu xiào. kǎilì méiyǒu kàn tāngmǔ. tā dōu zàikàn
bābālā. wèishénme kǎilì bú kàn tā?

tāngmǔ xiǎnglexiǎng tā yào gēn kǎilì shuō
shénme huà. tā yíngle hěn zhòngyàode wǎngqiú bǐsài.
kǎilì zěnme búhuì xǐhuān yíngle dà bǐsài de rén ne?
tāngmǔ yào gēn kǎilì shuō: "kǎilì, nǐ yě xiǎng dǎ
wǎngqiú, duìbúduì? wǒ kěyǐ bāngnǐ xué! nǐ kěyǐ dāng
wǎngqiúduì de duìyuán!

汤姆 要 开始 说话 的时候， 第三个人 就 来了！ 就是 第二个 凯利！

"啊， 汤姆， 你 打网球 打得 很 好！ 你 怎么 打得 那么 好？ 你 蛋糕 也 做得 很 好吃！ 巴巴拉， 你的 弟弟 给我 做了 小蛋糕， 你 知道吗？ 很 好吃！ 他 那么 浪漫！"

汤姆 不 知道 怎么 办。 他 喜欢 的 凯利 都 听到了 他 不 喜欢的 凯利 说的话！

"糟糕！"

tāngmǔ yào kāishí shuōhuà deshíhòu, dìsāngerén
jiù láile! jiùshì dièrge kǎilì!

"a, tāngmǔ, nǐ dǎwǎngqiú dǎdé hěn hǎo! nǐ zěnme
dǎdé nàme hǎo? nǐ dàngāo yě zuòdé hěn hǎochī!
bābālā, nǐde dìdi gěiwǒ zuòle xiǎo dàngāo, nǐ zhīdào
ma? hěn hǎo chī! tā nàme làngmàn!"

tāngmǔ bù zhīdào zěnme bàn. tā xǐhuān de kǎilì
dōu tīngdàole tā bù xǐhuānde kǎilì shuōdehuà!

"zāogāo!"

Chapter 7

汤姆 很 紧张。 他 不 知道 他写的 计划 在 哪儿。 不 是 在 他的 卧室 吗？ 但是 计划 不 见了。 它 在 哪儿？

"我 要 好好 想一想， 我 计划 中 写了 什么。" 他 想了 几分钟。

"啊， 我 知道了。 我 要 做 小蛋糕。 小蛋糕 做好了。 还有 什么？ 我 要 给 凯 利 巧克力 吃。 我 也 要 写信 给她。"

汤姆 写了 很 浪漫 的信。 他 把 信 放 在 背包 里面。 汤姆 到了 学校 的时候， 他 就 看到 凯利 了。 凯利 在 她的 储物柜 前面。 现在 汤姆 知道， 凯利 的 储物柜 在 哪儿！ 太好了！

"我 可以 把 信 放进 凯利 的 储物柜 里面！ 她 就会 知道， 我 喜欢 她。"

汤姆 写的 信 说：

Chapter 7

tāngmŭ hěn jǐnzhāng. tā bù zhīdào tāxiěde jìhuà zài
nǎr. bú shì zài tāde wòshì ma? dànshì jìhuà bújiànle. tā
zài nǎr?

"wǒ yào hǎohāo xiǎngyīxiǎng, wǒ jìhuà zhōng
xiěle shénme." tā xiǎngle jǐfēnzhōng.

"a, wǒ zhīdào le. wǒ yào zuò xiǎo dàngāo. xiǎo
dàngāo zuòhǎole. háiyǒu shénme? wǒ yào gěi kǎilì
qiǎokèlì chī. wǒ yě yào xǐxìn gěitā."

tāngmŭ xiěle hěn làngmàn dexìn. tā bǎ xìn fàngzài
bēibāo lǐmiàn. tāngmŭ dàole xuéxiào deshíhòu, tā jiù
kàndào kǎilì le. kǎilì zài tāde chǔwùguī qiánmiàn.
xiànzài tāngmŭ zhīdào, kǎilì de chǔwùguī zài nǎr!
tàihǎole!

"wǒ kěyǐ bǎ xìn fàngjìn kǎilì de chūwùguī lǐmiàn!
tā jiù huì zhīdào, wǒ xǐhuān tā."

tāngmŭ xiěde xìn shuō:

亲爱的凯利：

我想，你很漂亮！你笑的时候也很漂亮！我喜欢你的长头发。你也很聪明。我很喜欢你。我想跟你说话。我可以帮你学好网球。我知道，你要当学校网球队的队员。我帮你，好不好？

二月三日晚

汤姆 买了 巧克力。十一 点钟，他 把 巧克力 和 他 写的信 都 放进了 凯利 的 储物柜。他 很 快 就 走了，因为 他 不 要 凯利 看到 他。

汤姆 去 上 英文课 的时候，他 看到 凯利 的 储物柜。巴巴拉 就 在 凯利 的 储物柜 前面！巴巴拉 开了 凯利 的 储物柜！巴巴拉 怎么 开 凯利 的 储物柜 呢？那是 不 对的！

巴巴拉 看到了 巧克力。她 看到了 信。巴巴拉 打开 信。她 看 汤姆 写的 信 的时候，她 在笑。汤姆 很 不 好意思。他 知道，他 放错了！他 不 小心 地 把 巧克力

qīnàide kǎilì:

wǒ xiǎng, nǐ hěn piàoliang! nǐ xiào deshíhòu yě hěn piàoliang! wǒ xǐhuān nǐde changtóufǎ. nǐ yě hěn cōngmíng. wǒ hěn xǐhuān nǐ. wǒ xiǎng gēnnǐ shuōhuà. wǒ kěyǐ bāngnǐ xuéhǎo wángqiú. wǒ zhīdào, nǐ yào dāng xuéxiào wǎngqiúduì de duìyuán. wǒ bāng nǐ, hǎobùhǎo?

èryuèsānrì wǎn

tāngmǔ mǎile qiǎokèlì. shíyīdiǎnzhōng, tā bǎ qiǎokèlì hé tā xiědexìn dōu fàngjìnle kǎilì de chǔwùguī. tā hěn kuài jiù zǒule, yīnwèi tā bú yào kǎilì kàndào tā.

tāngmǔ qù shàng yīngwénkè deshíhòu, tā kàndào kǎilì de chǔwùguī. bābālā jiù zài kǎilì de chǔwùguī qiánmiàn! bābālā kāile kǎilì de chǔwùguī! bābālā zěnme kāi kǎilì de chǔwùguī ne? nàshì búduìde!

bābālā kàndàole qiǎokèlì. tā kàndàole xìn. bābālā dǎkāi xìn. tā kàn tāngmǔ xiěde xìn deshíhòu, tā zàixiào. tāngmǔ hěn bùhǎoyìsī. tā zhīdào, tā fàngcuòle! tā bù xiǎoxīn de bǎ qiǎokèlì hé xìn fàngzài tā jiěji de chǔwùguī lǐmiàn le. zāogāo!

和 信 放在 他 姐姐 的 储物柜 里面 了。
糟糕！

　　凯利 走过来。 "巴巴拉， 你好！"

　　汤姆 不 想要 听 姐姐 的 话。 他 很 不
好意思。 但是 姐姐 跟 凯利 说： "凯利，
你看！ 你 有 巧克力 。 还有 谁 写了 信
给你！ "

　　凯利 说： "巧克力？ 信？ 都是 给我
的 吗？"

　　"是的！ "

　　"是 谁 写的？"

　　卢卡 走过来 了。 "凯利， 你好！"

　　"卢卡， 你好！ 你 想不 想 帮我 学好
网球？"

　　"好的。 可以， 可以。"

kǎilì zǒu guòlái. "bābālā, nǐ hǎo!"

tāngmǔ bù xiǎngyào tīng jiějie de huà. tā hěn bùhǎoyìsi. dànshì jiějie gēn kǎilì shuō: "kǎilì, nǐ kàn! nǐ yǒu qiǎokèlì. háiyǒu shéi xiěle xìn gěinǐ!"

kǎilì shuō: "qiǎokèlì? xìn? dōushì gěiwǒ de ma?"

"shìde!"

"shì shéi xiěde?"

lùkǎ zǒuguòlái le. "kǎilì, nǐ hǎo!"

"lùkǎ, nǐ hǎo!" nǐ xiǎngbùxiǎng bāngwǒ xuéhǎo wángqiú?"

"hǎode. kěyǐ, kěyǐ."

"谢谢 你 给我 巧克力！ 谢谢 你 写信 给 我。 你 写的信 很 浪漫！ 我 很 喜欢。 这是 我 最 喜欢 的 巧克力。"

卢卡 什么 都 没有说。 他 笑了。 他 很 高兴。 他 看 凯利。 凯利 看着 卢卡。

汤姆 看着 两个 人。 他 想 呕吐。

"糟糕！"

"xièxiè nǐ gěiwǒ qiǎokèlì! xièxiè nǐ xiěxìn gěi wǒ. nǐ xiědexìn hěn làngmàn! wǒ hěn xǐhuān. zhèshì wǒ zuì xǐhuān de qiǎokèlì."

lùkǎ shénme dōu méiyǒu shuō. tā xiàole. tā hěn gāoxìng. tā kàn kǎilì. kǎilì kànzhe lùkǎ.

tāngmǔ kànzhe liǎngge rén. tā xiǎng ǒutù. "zāogāo!"

Chapter 8

晚上，汤姆 跟 马克 说话。

"我 很 喜欢 凯利。"

"我 知道。"

"你 怎么 知道？"

"傻瓜！ 是 因为 你 做了 小蛋糕 给她吃！"

汤姆 有点 生气。 "不 是！ 我 喜欢 的凯利 不 是 那位 凯利。 是 我 姐姐 的 朋友。"

"有 两个 凯利 吗？ 你 喜欢 的 凯利是不 是 很 可爱的、 短头发 的 那位？"

"不 是！！ 我 喜欢 长头发 的 那位 凯利。 喜欢 火烈鸟 的 那位。"

马克 说： "那么， 你 为什么 给 短头发 的 凯利 做 小蛋糕 呢？"

Chapter 8

wǎnshàng, tāngmǔ gēn mǎkè shuōhuà.

"wǒ hěn xǐhuān kǎilì."

"wǒ zhīdào."

"nǐ zěnme zhīdào?"

"shǎguā! shì yīnwèi nǐ zuòle xiǎo dàngāo gěi tā chī!"

tāngmǔ yǒu diǎn shēngqì. "búshì! wǒ xǐhuān de kǎilì búshì nàwèi kǎilì. shì wǒ jiějie de péngyǒu."

"yǒu liǎngge kǎilì ma? nǐ xǐhuān de kǎilì shìbúshì hěn kěàide, duǎntóufǎ de nàwèi?"

"búshì!! wǒ xǐhuān chángtóufǎ de nàwèi kǎilì. xǐhuān huǒlièniǎo de nàwèi."

mǎkè shuō: "nàme, nǐ wèishénme gěi duǎntóufǎ de kǎilì zuò xiǎo dàngāo ne?"

汤姆 说：“我 不 是 给 那位 凯利 做 小蛋糕。 我 做了 小蛋糕 给 我 喜欢 的 凯利。 但是 黄老师 把 小蛋糕 给错了。 没办法。”

马克 说：“我 懂了！ 你 喜欢 长头发 的 凯利 吧！”

汤姆 说：“对了！ 对了！ 但是， 我 有 很 大的 问题！ 我 想要 送她 玫瑰花。”

“送她 玫瑰花 不 是 问题。 买 玫瑰花， 把 玫瑰花 送他， 就好了。”

“对了。 但是， 我 要 送她 粉红色的 玫瑰花。”

“粉红色的 玫瑰花 很 多。 那 也 不 是 问题 吧。”

“马克！ 你 听我说， 好不 好？ 问题 是， 我 今天 下课 以后 就有 网球 比赛。 我 今天 不 可以 去 买 玫瑰花。”

tāngmǔ shuō: "wǒ bú shì gěi nàwèi kǎilì zuò xiǎo dàngāo. wǒ zuòle xiǎodàngāo gěi wǒ xǐhuān de kǎilì. dànshì huánglǎoshī bǎ xiǎodàngāo gěicuòle. méibànfǎ."

mǎkè shuō: "wǒ dǒngle! nǐ xǐhuān chángtóufǎ de kǎilì ba!"

tāngmǔ shuō: "duìle! duìle! dànshì, wǒ yǒu hěn dàde wèntí! wǒ xiǎngyào sòngtā měiguīhuā."

"sòngtā měiguīhuā búshì wèntí. měi měiguīhuā, bǎ měiguīhuā sòngtā, jiù hǎole."

"duìle. dànshì, wǒ yào sòngtā fěnhóngsède měiguīhuā."

"fěnhóngsède měiguīhuā hěn duō. nà yě búshì wèntí ba."

"mǎkè, nǐ tīngwǒshuō, hǎobùhǎo? wèntí shì, wǒ jīntiān xiàkè yǐhòu jiùyǒu wǎngqiú bǐsài. wǒ jīntiān bùkěyǐ qù mǎi měiguīhuā."

"老哥，那不是问题！我下课以后，就去买粉红色的玫瑰花。你把我买的玫瑰花送凯利，就好了！"

"谢谢！"

下课以后，汤姆在网球比赛。马克去买玫瑰花。他买了很多粉红色的玫瑰花。很漂亮！马克去凯利的家。马克在她家前面的时候，凯利就开了门。

凯利叫："是谁？"

马克跟她说："我是马克。"他走了过去跟凯利说话。"送你玫瑰花！"

凯利看了玫瑰花。她笑了。她看了马克。她跟马克说："马克，谢谢你！"

马克笑了。凯利很漂亮！但是马克是汤姆的好朋友，所以他说："玫瑰花不是我送你的，是汤姆送你的。"

凯利问："是汤姆送我的吗？但是汤姆在哪儿？他怎么没有来？"

"lǎogē, nà búshì wèntí! wǒ xiàkè yǐhòu, jiù qù mǎi fěnhóngsède měiguīhuā. nǐ bǎ wǒ mǎide měiguīhuā sòng kǎilì, jiù hǎole!"

"xièxiè!"

xiàkè yǐhòu, tāngmǔ zài wǎngqiú bǐsài. mǎkè qù mǎi měiguīhuā. tā mǎile hěnduō fěnhóngsède měiguīhuā. hěn piàoliang! mǎkè qù kǎilì dejiā. mǎkè zài tājiā qiánmiàn deshíhòu, kǎilì jiù kāilemén.

kaielì jiào: "shì shéi?"

mǎkè gēn tā shuō: "wǒ shì mǎke." tā zǒule guòqù gēn kǎilì shuōhuà. "sòngnǐ měiguīhuā!"

kǎilì kànle měiguīhuā. tā xiàole. tā kànle mǎkè. tā gēn mǎkè shuō: "mǎkè, xièxiè nǐ!"

mǎkè xiàole. kǎilì hěn piàoliang! dànshì mǎkè shì tāngmǔ de hǎopéngyǒu, suǒyǐ tā shuō: "měiguīhuā búshì wǒ sòngnǐ de, shì tāngmǔ sòngnǐ de."

kǎilì wèn: "shì tāngmǔ sòngwǒ de ma? dànshì tāngmǔ zài nǎr? tā zěnme méiyǒu lái?"

"汤姆 今天 有 网球 比赛， 所以 他 要 我 买 粉红色的 玫瑰花 送你。 但是 玫瑰花 是 他 送你 的。 不 是 我！"

凯利 看了 马克。 "谢谢！" 但是 凯利 不 懂 为什么 马克 说， 马克 买的 玫瑰花 是 汤姆 送她 的。

马克 说： "那么， 我 要走了。 拜拜！" 马克 回家了。 他 到了 家 的时候， 就 打了 电话 给 汤姆。

"喂？"

"汤姆， 是 我。 马克。"

"啊， 马克， 你好。 玫瑰花 送给 凯利 没有？"

"送了。"

"是 粉红色的 玫瑰花 吗？ 她 喜欢 粉红色的。"

"是的。 我 买的 是 粉红色的 玫瑰花。"

"tāngmǔ jīntiān yǒu wǎngqiú bǐsài, suǒyǐ tā yào wǒ mǎi fěnhóngsède měiguīhuā sòngnǐ. dànshì měiguīhuā shì tā sòngnǐ de. bú shì wǒ!"

kǎilì kànle mǎkè. "xièxiè!" dànshì kǎilì bùdǒng wèishénme mǎkè shuō, mǎkè mǎide měiguīhuā shì tāngmǔ sòngtā de.

mǎkè shuō: "nàme, wǒ yào zǒule. bàibài!" mǎkè huíjiāle. tā dàole jiā deshíhòu, jiù dǎle diànhuà gěi tāngmǔ.

"wèi?"

"tāngmǔ, shì wǒ. mǎkè."

"a, mǎkè, nǐ hǎo. měiguīhuā sònggěi kǎilì méiyǒu?"

"sòngle."

"shì fěnhóngsède měiguīhuā ma? tā xǐhuān fěnhóngsède."

"shìde. wǒ mǎide shì fěnhóngsède měiguīhuā."

"很 漂亮 ， 不 是 吗？"

"很 漂亮。"

"太好了！ 谢谢 你！ 你 是 很 好的 朋友！"

汤姆 的 姐姐 回家了。 两个 人 做 功课。 半个 小时 以后， 巴巴拉 去 她的 卧室。 汤姆 听到 巴巴拉 说话。 她 打了 电话 给 人 吗？ 汤姆 走过去 听听。

"是吗？ 粉红色的 玫瑰花 吗？ 很好！...他 跟你 说 什么 呢？...是吗？ 他 为什么 这么 说？...对了， 他 不 错...那么 你 喜欢 马克，还是 喜欢 卢卡？...是吗？...那么， 我 要 做 功课！ 拜拜！"

汤姆 走进了 巴巴拉 的 卧室。 "今天 还好 吗？"

巴巴拉 看了 他。 "你 怎么 进 我的 卧室 呢？"

"hěn piàoliang, búshì ma?"

"hěn piàoliang."

"tàihǎole! xièxiè nǐ! nǐ shì hěnhǎo de péngyǒu!"

tāngmǔ de jiějie huíjiāle. liǎngge rén zuò gōngkè. bànge xiǎoshí yǐhòu, bābālā qù tāde wòshì. tāngmǔ tīngdào bābālā shuōhuà. tā dǎle diànhuà gěi rén ma? tāngmǔ zǒuguòqù tīngtīng.

"shì ma? fěnhóngsède měiguīhuā ma? hěn hǎo! ...tā gēn nǐ shuō shénme ne? ...shìma? tā wèishénme zhème shuō? ...duìle, tā búcuò. nàme nǐ xǐhuān mǎkè, háishì xǐhuān lùkǎ? ...shìma? ...nàme, wǒ yào zuò gōngkè! bàibài!"

tāngmǔ zǒujìnle bābālā de wòshì. "jīntiān háihǎo ma?"

bābālā kànle tā. "nǐ zěnme jìn wǒde wòshì ne?"

"我 是 你 弟弟。 我 怎么 不 进来？ 今天 好不 好？"

巴巴拉 说： "还好。 网球 打得 怎么 样？"

"还 可以。 请问， 你 打了 电话 给 谁？"

"是 一个 朋友。"

"什么 朋友？"

"汤姆！ 管你什么事？"

"你 为什么 在 说 玫瑰花？"

"汤姆！ 你 都 在听 我 打电话 吗？ 你 是 很 麻烦 的 弟弟。 我 要 跟 妈妈 说！"

汤姆 回了 他的 卧室。 他 不 高兴。 凯 利 想 玫瑰花 是 马克 送的！ 哎哟！

"糟糕！"

"wǒ shì nǐ dìdi. wǒ zěnme bù jìnlái? jīntiān hǎo bùhǎo?"

bābālā shuō: "háihǎo. wǎngqiú dǎdé zěnmeyàng?"

"hái kěyǐ. qǐngwèn, nǐ dǎle diànhuà gěi shéi?"

"shì yīge péngyǒu."

"shénme péngyǒu?"

"tāngmǔ! guǎnnǐshénmeshì?"

"nǐ wèishénme zài shuō měiguīhuā?"

"tāngmǔ! nǐ dōu zàitīng wǒ dǎdiànhuà ma? nǐ shì hěn máfán de dìdi. wǒ yào gēn māma shuō!"

tāngmǔ huíle tāde wòshì. tā bù gāoxìng. kǎilì xiǎng měiguīhuā shì mǎkè sòngde! āiyō!

"zāogāo!"

Chapter 9

情人节 到了。 汤姆 边吃 早饭 边想："我 的 计划 还有 什么 要 做?

1. 做 小蛋糕 给 凯利 吃: 我 做了，但是 黄老师 把 我的 小蛋糕 送给 短头发的 凯利。

2. 给 凯利 巧克力: 我 把 巧克力 放错 了， 姐姐 跟 凯利 说 她有 巧克力， 但是 卢卡 说 巧克力 是 他 买的。

3. 写信 给 凯利: 我 写了 很 浪漫 的 信， 但是 凯利 不 知道 是 我 写的。

4. 送 凯利 粉红色的 玫瑰花: 因为 马 克 买了 花， 凯利 不 知道 玫瑰花 是 我 送她的。

5. 唱歌 给 凯利 听!

汤姆 想："对了! 我 要 唱歌 给 凯利 听! 唱歌 很 浪漫。 但是 她 喜欢 什么 歌?" 汤姆 不 知道， 所以 他 去 问 他 姐姐。

"巴巴拉， 你 最喜欢 的 歌 是 什 么?"

"你 怎么 问 我 最喜欢的 歌 是 什 么?"

Chapter 9

qíngrénjié dàole. tāngmǔ biānchī zǎofàn biānxiǎng:
"wǒde jìhuà háiyǒu shénme yào zuò?

1. zuò xiǎo dàngāo gěi kǎilì chī: wǒ zuòle, dànshì
huánglǎoshī bǎ wǒde xiǎo dàngāo sònggěi duǎntóufǎ
de kǎilì.

2. gěi kǎilì qiǎokèlì: wǒ bǎ qiǎokèlì fàngcuòle,
jiějie gēn kǎilì shuō tāyǒu qiǎokèlì, dànshì lùkǎ shuō
qiǎokèlì shì tā mǎidē.

3. xiěxìn gěi kǎilì: wǒ xiěle hěn làngmàn dexìn,
dànshì kǎilì bùzhīdào shì wǒ xiěde.

4. sòng kǎilì fěnhóngsède měiguīhuā: yīnwèi
mǎkè mǎile huā, kǎilì bùzhīdào měiguīhuā shì wǒ
sòngtāde.

5. chànggē gěi kǎilì tīng!

tāngmǔ xiǎng: "duìle! wǒ yào chànggē gěi kǎilì
tīng! chànggē hěn làngmàn. dànshì tā xǐhuān shénme
gē?" tāngmǔ bùzhīdào, suǒyǐ tā qù wèn tā jiějie.

"bābālā, nǐ zuìxǐhuān de gē shì shénme?"

"nǐ zěnme wèn wǒ zuìxǐhuān de gē shì shénme?"

"因为 我 想 知道！ 我 也 想 知道 你 朋友 最 喜欢的 歌 是 什么。"

"我 朋友？ 哪个 朋友？"

"你 知道 吧！ 凯利！"

"你 为什么 要 知道 凯利 最 喜欢 的 歌 是 什么？"

"因为 我 很 喜欢 他！"

巴巴拉 看了 汤姆 一眼。 "你 喜欢 她 吗？ 那么， 你 为什么 做了 小蛋糕 给 有 短头发 的 凯利 吃？"

"我 不 是 要 给 那个 凯利！ 是 黄老 师 给 她 的。 我 想 把 蛋糕 送给 你的 朋 友。"

"你 知道 吗？ 很 多 男孩子 都 喜欢 她 。卢卡 买了 巧克力 给 凯利。 马克 送 了她 粉红色的 玫瑰花。 "

"yīnwèi wǒ xiǎng zhīdào! wǒ yě xiǎng zhīdào nǐ péngyǒu zuì xǐhuānde gē shì shénme."

"wǒ péngyǒu? nǎge péngyǒu?"

"nǐ zhīdào ba! kǎilì!"

"nǐ wèishénme yào zhīdào kǎilì zuì xǐhuān de gē shì shénme?"

"yīnwèi wǒ hěn xǐhuān tā!"

bābālā kànle tāngmǔ yīyǎn. "nǐ xǐhuān tā ma? nàme, nǐ wèishénme zuòle xiǎo dàngāo gěi duǎntóufǎ de kǎilì chī?"

"wǒ búshì yào gěi nàge kǎilì! shì huánglǎoshī gěi tā de. wǒ xiǎng bǎ dàngāo sònggěi nǐde péngyǒu."

"nǐ zhīdào ma? hěn duō nánháizǐ dōu xǐhuān tā. lùkǎ mǎile qiǎokèlì gěi kǎilì. mǎkè sòngle tā fēnhóngsède měiguīhuā."

"不 是！ 不 是！ 买 巧克力 的人 就是 我。 送 凯利 玫瑰花 的 人 也 是 我！"

"现在 你 也 要 说， 写浪漫的 信 给 凯利 的 人 也 就是 你？"

汤姆 点了头。 他 有 很 好的 计划。 现在 为什么 都 糟糕 了？

"汤姆， 你 写信 的时候， 你 一定 要 在 上面 写 '汤姆'！ 凯利 怎么 会 知道 是 你 写的？"

"我 不 知道 啊！" 汤姆 很 不 高兴。

"你 为什么 要 知道 凯利 最 喜欢的 歌 是 什么？"

"因为 我 要 唱歌 给 她 听！"

巴巴拉 看了 他弟弟 一眼。 "唱歌？ 你 要 唱歌？ 你 很 喜欢 她， 不 是 吗？"

"是的。 告诉 我 她 最喜欢 的 歌 是 什么， 好不 好？"

"búshì! búshì! mǎi qiǎokèlì derén jiùshì wǒ. sòng kǎilì měiguīhuā de rén yě shì wǒ!"

"xiànzài nǐ yě yào shuō, xiě lànmàn de xìn gěi kǎilì de rén yě jiùshì nǐ?"

tāngmǔ diǎnletóu. tā yǒu hěn hǎo de jìhuà!. xiànzài wèishénme dōu zāogāo le?

"tāngmǔ, nǐ xiěxìn deshíhòu, nǐ yídìng yào zài shàngmiàn xiě 'tāngmǔ'! kǎilì zěnme huì zhīdào shì nǐ xiěde?"

"wǒ bùzhīdào a!" tāngmǔ hěn bù gāoxìng.

"nǐ wèishénme yào zhīdào kǎilì zuì xǐhuān de gē shì shénme?"

"yīnwèi wǒ yào chànggē gěi tā tīng!"

bābālā kànle tā dìdi yīyǎn. "chànggē? nǐ yào chànggē? nǐ hěn xǐhuān tā, búshì ma?"

"shìde. gàosù wǒ tā zuìxǐhuān de gē shì shénme, hǎobùhǎo?"

巴巴拉 告诉 汤姆， 凯利 最 喜欢的 歌 是 什么。 汤姆 很 高兴。 他 坐 校车 去 学校 的时候， 他 都 小声地 唱歌。 他 唱 歌 给 凯利 听 的时候， 他 要 唱得好！

汤姆 去了 凯利 的 储物柜。 凯利 不 在， 但是 卢卡 在。 汤姆 没有 看到 卢 卡。 汤姆 都 在 唱 凯利 最 喜欢的 歌。 卢卡 听到了 汤姆 唱歌。 "很 好听！ 我 喜欢！ 我 手机 上 有没有？" 卢卡 很 快 就 上网 买了 凯利 最 喜欢的 歌。现在 卢 卡 也 开始 唱歌 了。

汤姆 唱得 很 大声 了， 但是 没有人 听 到。 卢卡 在 凯利 的 储物柜 前面。 他的 手机 很 大声。 他 大声地 唱歌。 虽然 汤 姆 很 生气， 但是 因为 他 没有 新的 手 机， 他 不 可以 大声地 唱歌。 "糟糕！"

凯利 来了。 "卢卡！ 我 不 知道 你 会 唱歌！ 那 就是 我 最喜欢的 歌！"

卢卡 说： "我 也 很 喜欢。 很 好听， 不 是 吗？"

汤姆 很 生气。 卢卡 为什么 都 在 凯利 的 储物柜 那里？ 卢卡 为什么 都 跟 凯利

bābālā gàosù tāngmǔ, kàilì zuìxǐhuān de gē shì shénme. tāngmǔ hěn gāoxìng. tā zuò xiàochē qù xuéxiào deshíhòu, tā dōu xiǎoshēngde chànggē. tā chànggē gěi kǎilì tīng deshíhòu, tā yào chàngdéhǎo!

tāngmǔ qùle kǎilì de chǔwùguī. kǎilì búzài, dànshì lùkǎ zài. tāngmǔ méiyǒu kàndào lùkǎ. tāngmǔ dōu zài chàng kǎilì zuì xǐhuānde gē. lùkǎ tīngdàole tāngmǔ chànggē. "hěn hǎo tīng! wǒ xǐhuān! wǒ shǒujī shàng yǒuméiyǒu?" lùkǎ hěn kuài jiù shàngwǎng mǎile kǎilì zuì xǐhuān de gē. xiànzài lùkǎ yě kāishǐ chànggē le.

tāngmǔ chàngdé hěn dàshēng le, dànshì méiyǒurén tīngdào. lùkǎ zài kǎilì de chǔwùguī qiánmiàn. tāde shǒujī hěn dàshēng. tā dàshēngde chànggē. suīrán tāngmǔ hěn shēngqì, dànshì yīnwèi tā méiyǒu xīnde shǒujī, tā bùkěyǐ dàshēngde chànggē. "zāogāo!"

kǎilì láile. "lùkǎ! wǒ bùzhīdào nǐ huì chànggē! nà jiù shì wǒ zuìxǐhuān de gē!"

lùkǎ shuō: "wǒ yě hěn xǐhuān. hěn hǎo tīng, búshì ma?"

tāngmǔ hěn shēngqì. lùkǎ wèishénme dōu zài kǎilì de chǔwùguī nàlǐ? lùkǎ wèishénme dōu gēn kǎilì shuōhuà? yīnwèi tāngmǔ hěn shēngqì, tā méiyǒu kàn

说话？ 因为 汤姆 很 生气， 他 没有 看 他 前面。 碰！！ 他 不 小心 就 很 大声地 碰 了 储物柜。 他 很 不 好意思。

汤姆 碰到 储物柜 的时候， 凯利 走 过 来。 汤姆 要 进去 上课， 但是 他 很 分 心。 他 分心 因为 他 看到了 凯利。 汤姆 不 小心 地 碰到了 门。

巴巴拉 看到了。 她 哈哈大笑 。 卢卡 也 笑了 汤姆。 但是 凯利 没有 笑。 凯 利 到了 门 那里 的时候， 汤姆 把 门 打开 了。 "凯利， 请！"

凯利 跟 汤姆 说： "谢谢， 汤姆！"

汤姆 上课 的时候 都 在 想： "凯利 知 道 我 叫 汤姆！"

tā qiánmiàn. pèng!! tā bù xiǎoxīn jiù hěn dàshēngde
pèngle chǔwùguī. tā hěn bùhǎoyìsi.

tāngmǔ pèngdào chǔwùguī deshíhòu, kǎilì zǒu
guòlái. tāngmǔ yào jìnqù shàngkè, dànshì tā hěn
fēnxīn. tā fēnxīn yīnwèi tā kàndàole kǎilì. tāngmǔ bù
xiǎoxīnde pèngdàole mén.

bābālā kàndàole. tā hāhādàxiào. lùkǎ yě xiàole
tāngmǔ. dànshì kǎilì méiyǒu xiào. kǎilì dàole mén nàlǐ
deshíhòu, tāngmǔ bǎ mén dǎkāi le. "kǎilì, qǐng!"

kǎilì gēn tāngmǔ shuō: "xièxiè, tāngmǔ!"

tāngmǔ shàngkè deshíhòu dōu zài xiǎng: "kǎilì
zhīdào wǒ jiào tāngmǔ!"

Chapter 10

下了 课 以后， 汤姆 要 去 吃饭。 他 走路 去 学校 的 餐厅。 在 餐厅， 他 买了 一个 三明治。 马克 也 在 餐厅 里面。 他 跟 巴巴拉 和 凯利 在 一起！ 汤姆 听到 马克 跟 凯利 说话。 "我 今天 要 去 看 一个 网球 比赛。 我 想要 看 汤姆 打网球。 他 打得 很 好。"

"我们 学校 的 网球队 今年 打得 很 好。 我 也 想 打网球 打得 很 好。"

马克 说： "没有 问题！ 汤姆 可以 帮 你。 他 打得 很 好。"

卢卡 走了过来。 汤姆 看到 他。 他 手 中 有 什么？ 就是 汤姆 写的 计划！ 卢卡 大声地 说：

一。 做小蛋糕 给 凯利 吃。

二。 买 巧克力 给 凯利 吃。

三。 写信 给 凯利。

四。 送 玫瑰花 给 凯利。

五。 唱歌 给 凯利 听。

六。 帮 凯利 学好 网球。

七。 买 火烈鸟 送给 凯利。

Chapter 10

xiàlekè yǐhòu, tāngmǔ yào qù chīfàn. tā zǒulù
qù xuéxiào de cāntīng. zài cāntīng, tā mǎile yīge
sānmíngzhì. mǎkè yě zài cāntīng lǐmiàn. tā gēn bābālā
hé kǎilì zài yīqǐ! tāngmǔ tīngdào mǎkè gēn kǎilì
shuōhuà. "wǒ jīntiān yào qù kàn yīge wǎngqiú bǐsài.
wǒ xiǎngyào kàn tāngmǔ dǎ wǎngqiú. tā dǎdé hěn
hǎo."

　　"wǒmen xuéxiào de wǎngqiúduì jīnnián dǎdé hěn
hǎo. wǒ yě xiǎng dǎwǎngqiú dǎdé hěn hǎo."

　　mǎkè shuō: "méiyǒu wèntí! tāngmǔ kěyǐ bāngnǐ.
tā dǎdé hěn hǎo."

　　lùkǎ zǒule guòlái. tāngmǔ kàndào tā. tā shǒuzhōng
yǒu shénme? jiù shì tāngmǔ xiě de jìhuà! lùkǎ
dàshēngde shuō:

　　yī. zuò xiǎo dàngāo gěi kǎilì chī.
　　èr. mǎi qiǎokèlì gěi kǎilì chī.
　　sān. xiěxìn gěi kǎilì.
　　sì. sòng měiguīhuā gěi kǎilì.
　　wǔ. chànggē gěi kǎilì tīng.
　　liù. bāng kǎilì xuéhǎo wǎngqiú.
　　qī. mǎi huǒlièniǎo sòng gěi kǎilì.

卢卡 跟 汤姆 说："这 是不 是 你的 计划？ 巴巴拉 说 是 你的。"

"对了， 是 我的。 来， 给我。"

"你 做了 蛋糕、 送了她 玫瑰花、 写了信、 唱了歌， 但是 她 还是 不 喜欢 你 吗？ 你 做 浪漫的事 做的 很 烂！"

巴巴拉 和 凯利 看了 三个 男孩子。 卢卡 大声地 说："这个 计划 很 有意思！ 凯利 会不 会 想要 看？ 这么 有意思！ 凯利 一定 会 喜欢 看！"

"不 行！ 不 行！ 卢卡！ 马上 给我！"

"我 看， 凯利 会 喜欢 看 这样 有意思的 计划 吧！"

女孩子们 走了过来。 凯利 跟 卢卡 说："把 它 给我！" 卢卡 把 汤姆 写的 计划 给 凯利。

凯利 看了看 汤姆 写的 计划。 她 笑了。"汤姆， 这 是 你 写的 吗？"

"是的。"

lùkǎ gēn tāngmǔ shuō: "zhè shì bú shì nǐde jìhuà? bābālā shuō shì nǐde."

"duìle. shì wǒde. lái, gěiwǒ."

"nǐ zuòle dàngāo, sòngle tā měiguīhūa, xiělexìn, chànglegē, dànshì tā háishì bù xǐhuān nǐ ma? nǐ zuò làngmàndeshì zuòdé hěn làn!"

bābālā hé kǎilì kànle sānge nánháizǐ. lùkǎ dàshēngde shuō: "zhège jìhuà hěn yǒu yìsī! kǎilì huìbúhuì xiǎngyào kàn? zhème yǒu yìsī! kǎilì yídìng huì xǐhuān kàn!"

"bùxíng! bùxíng! lùkǎ! mǎshàng gěiwǒ!"

"wǒ kàn, kǎilì huì xǐhuān kàn zhèyàng yǒuyìsīde jìhuà ba!"

nǚháizǐmen zǒuleguòlái. kǎilì gēn lùkǎ shuō: "bǎ tā gěiwō!" lùkǎ bǎ tāngmǔ xiěde jìhuà gěi kǎilì.

kǎilì kànle tángmǔ xiěde jìhuà. tā xiàole. "tāngmǔ, zhè shì nǐ xiěde ma?"

"shìde."

"小蛋糕 是 你 做 给我吃 吗？"

"对了。 我 做了， 但是 黄老师 把 小蛋糕 给了 第二个 凯利。"

"你 也 买了 巧克力 送我 吗？ 你 写了 浪漫的信 给 我 吗？"

"是的。 我 买了 巧克力。 我 也 写了 信。 但是 我 两个 都 放错了！"

"那些 粉红色的 玫瑰花 是 你 送我的 吗？"

"我 知道 你 喜欢 粉红色， 但是 我 要 打网球， 所以 是 马克 给你 我买的 玫瑰花。"

"你 可以 帮我 打网球 打得 好 吗？"

"没 问题！"

凯利 笑了。"那， 火烈鸟 呢？"

卢卡 跟 凯利 说： "这 是 你的 火烈鸟。" 卢卡 把 很 大的、 粉红色的 火烈鸟 给 凯利。 火烈鸟 很 漂亮。

"xiǎo dàngāo shì nǐ zuò gěi wǒ chī ma?"

"duìle. wǒ zuòle, dànshì huánglǎoshī bǎ
xiǎodàngāo gěile dìèrge kǎilì."

"nǐ yě mǎile qiǎokèlì sòngwǒ ma? nǐ xiěle làngmàn
dexìn gěi wǒ ma?"

"shìde. wǒ mǎile qiǎokèlì. wǒ yě xiěle xìn. dànshì
wǒ liǎngge dōu fàngcuòle!"

"nàxiē fěnhóngsède měiguīhuā shì nǐ sòng wǒde
ma?"

"wǒ zhīdào nǐ xǐhuān fěnhóngsè, dànshì wǒ yào
dǎwǎngqiú, suǒyǐ shì mǎkè gěinǐ wǒmǎide měiguīhuā."

"nǐ kěyǐ bāngwǒ dǎ wángqiú dǎdé hǎo ma?"

"méi wèntí!"

kǎilì xiàole. "nà, huǒlièniǎo ne?"

lùkǎ gēn kǎilì shuō: "zhè shì nǐde huǒlièniǎo."
lùkǎ bǎ hěn dàde, fěnhóngsède huǒlièniǎo gěi kǎilì.
huǒlièniǎo hěn piàoliang.

凯利 跟 卢卡 说："谢谢 你 送我 火烈鸟。 我 很 喜欢。"

汤姆 很 难过。 他 想要 送 火烈鸟 给凯利， 但是 卢卡 先 送了。 没办法！

卢卡 看了 汤姆 一眼。 "那 不 是 我的火烈鸟。 是 汤姆 的。" 汤姆 看了 卢卡。虽然 卢卡 以前 把 汤姆 放在 垃圾桶， 但是 汤姆 在想："卢卡 不 错！"

巴巴拉 看了看 卢卡 和 马克。 她 跟 他们 说："我 想 买 第二个 三明治。 你们 跟我来， 好不 好？"

卢卡 和 马克 说："好的。 再见，凯利。 再见， 汤姆。" 三个 人 走了。

凯利 说："下课 的时候， 我 要 去 配隐形眼镜。 我 什么 都 看不 见！ 你 要不要 来？"

现在 汤姆 知道， 凯利 为什么 都 没有看到 他！

kǎilì gēn lùkǎ shuō: "xièxiè nǐ sòngwǒ huǒlièniǎo. wǒ hěn xǐhuān."

tāngmǔ hěn nánguò. tā xiǎngyào sòng huǒlièniǎo gěi kǎilì, dànshì lùkǎ xiān sòngle. méibànfǎ!

lùkǎ kànle tāngmǔ yīyǎn. "nà búshì wǒde huǒlièniǎo. shì tāngmǔ de." tāngmǔ kànle lùkǎ. suīrán lùkǎ yǐqián bǎ tāngmǔ fàngzài lājītǒng, dànshì tāngmǔ zài xiǎng: "lùkǎ búcuò!"

bābālā kànlekàn lùkǎ hé mǎkè. tā gēn tāmen shuō: "wǒ xiǎng mǎi dìèrge sānmíngzhì. nǐmen gēnwǒlái, hǎobùhǎo?"

lùkǎ hé mǎkè shuō: "hǎode. zài jiàn, kǎilì. zài jiàn, tāngmǔ." sānge rén zǒule.

kǎilì shuō: "xiàkè deshíhòu, wǒ yào qù péi yǐnxíngyǎnjīng. wǒ shénme dōu kànbújiàn! nǐ yàobúyào lái?"

xiànzài tāngmǔ zhīdào, kǎilì wèishénme dōu méiyǒu kàndào tā!

Glossary

Numbers in parentheses indicate chapter where the word first appears

a, 啊: (sounds good on the end of a sentence) (2)

āiyo, 哎哟: Oh no! OMG! (2)

àishàngle, 爱上了: fell in love with (6)

bābālā, 巴巴拉: Barbara (1)

bǎ, 把: (take something and...) (2)

ba, 吧: (suggestion) (2)

báixiānshēng, 白先生: Mr. Bai (1)

bàibài, 拜拜: bye-bye! (5)

bànfǎ, 办法: solution (3)

bàngè, 半个: half (of one) (8)

bāng, 帮: help (4)

bāngzhù, 帮助: help; assist; (4)

bēibāo, 背包: backpack (3)

bènshǒubènjiǎo, 笨手笨脚: clumsy (1)

bízǐ, 鼻子: nose (1)

bǐ, 比: compared to (3)

bǐsài, 比赛: competition (2)

biān...biān, 边...边: A and B at the same time (1)

búcuò, 不错: not bad (1)

bújiànle, 不见了: disappeared, can't find (7)

bútài dǒng, 不太懂: doesn't understand very well (4)

búyào, 不要: don't!, doesn't want (1)

bù xǐhuān de, 不喜欢的: the one not liked (6)

bù xiǎoxīn, 不小心: accidentally, not carefully (2)

bùhǎoyìsī, 不好意思: embarrassing/sorry/awkward! (2)

bùxíng, 不行: is not okay, doesn't work (x)

cāntīng, 餐厅: restaurant; cafeteria (x)

cháng, 长: long (1)

chángcháng, 常常: often (1)

chàng, 唱: sing (9)

chàngdé hǎo, 唱得好: sang well (9)

chànggē, 唱歌: sang (4)

chènshān, 衬衫: shirt (2)

chī, 吃: eat (1)

chīfàn, 吃饭: eat (x)

chǔwùguì, 储物柜: locker (3)

chuān, 穿: wear, put on (1)

chuānzhe, 穿著: is wearing (3)

cōngmíng, 聪明: smart (7)

cuò, 错: wrong (4)

dǎ, 打: hit, play, type, make a call (2)

dǎ wǎngqiú, 打网球: play tennis (2)

dǎdé, 打得: played in a way that was (2)

dǎdéhǎo, 打得好: played well (6)

dǎdiànhuà, 打电话: make a phone call (8)

dǎkāi, 打开: open up (7)

dǎyíng, 打赢: play and win (6)

dà, 大: is big (3)

dàshēngdì, 大声地: loudly (9)

dài, 袋: bag (2)

dàngāo, 蛋糕: cake (4)

dànshì, 但是: but, however (1)

dāngrán, 当然: of course (4)

dàole, 到了: arrived (6)

de kǎilì, 的凯利: Kylie who... (5)

de shíhòu, 的时候: ..at the time that... (1)

dì èr ge, 第二个: the second (2)

dìdi, 弟弟: little brother (1)

dièr tiān, 第二天: the next day (5)

diǎnle tóu, 点了头: nodded (9)

diǎnzhōng, 点钟: o'clock (7)

diànhuà, 电话: telephone (8)

diànnǎo, 电脑: computer (4)

diāodǎo, 掉倒: throw/dump out (3)

diàodǎo lājī(lese), 掉倒垃圾: take out the trash (2)

diēdǎo, 跌倒: trip (almost fall down) (4)

diējìn, 跌进: fell into (4)

dōngxī, 东西: thing (5)

dǒng, 懂: understand (5)

duǎn tóufǎ, 短头髮: short hair (8)

duì, 对: correct (1)

duìbúduì, 对不对: right? (6)

duìbùqǐ, 对不起: I'm sorry (3)

duìle, 对了: oh, yeah! now I remember... (3)

duìyuán, 队员: member of a team (2)

duōduo, 多多: a little more (1)

érbúshì, 而不是: rather than being (4)

érshì, 而是: instead is... (4)

èryuèsānrì, 二月叁日: February 3rd (7)

fānle, 翻了: turned over; rolled (eyes) (1)

fánnǎo, 烦恼: irritated (2)

fángjiān, 房间: room (4)

fàngjìn, 放进: put into (7)

fàngzài, 放在: put/placed at/on... (3)

fēidé, 飞得: flies in a way that is (4)

fēnxīn, 分心: distracted (3)

fěnhóngsè, 粉红色: pink (2)

fùmǔ, 父母: parents (6)

gǎnlǎnqiú, 橄榄球: football (1)

gāoshǒu, 高手: expert (2)

gāozhōng, 高中: high school (1)

gǎo shénme fēijī, 搞什麽飞机: what in the world are you doing? (3)

gàosù, 告诉: tells (4)

gē, 歌: song (9)

gěicuòle, 给错了: gave by mistake (8)

gěiwǒ chī, 给我吃: for me to eat (6)

gēn, 跟: with (1)

gēntāshuō, 跟他说: says to him (3)

gēnwǒlái, 跟我来: come with me (x)

gōngkè, 功课: homework (3)

guǎnnǐ shénme shì, 管你甚麽事: what business is it of yours? (8)

"guǐliǎn, 鬼脸: ""ghost face"" (make a face) (4)"

guì, 贵: expensive (2)

guòlái, 过来: come over (9)

guòqù, 过去: go over (8)

hāhādàxiào, 哈哈大笑: laughed loudly (2)

hái, 还: still (8)

háihǎo, 还好: okay (not great) (3)

háishì, 还是: or; is still (4)

háiyǒu, 还有: still has; there still is/are (1)

háizài, 还在: still (doing something) (2)

hànbǎobāo, 汉堡包: hamburger (3)

hǎobùhǎo, 好不好: okay? (2)

hǎokàn, 好看: good-looking (1)

hǎole hǎole, 好了好了: fine! (exasperated) (5)

hǎotīng, 好听: good sounding (9)

hēshuǐba, 喝水吧: drink some water! (6)

hé, 和: and (between two things) (1)

hei, 嘿: hey! (3)

hòumiàn, 後面: behind (4)

huā, 花: flower (2)

huàxué gōngkè, 化学功课: chemistry homework (4)

huàile, 坏了: is spoiled/bad (2)

huáng, 黄: yellow (5)

huánglǎoshī, 黄老师: Teacher Huang (5)

huángxiānshēng, 黄先生: Mr. Huang (5)

huíjiā, 回家: return home (4)

huì, 会: knows how to; is likely to (1)

huìbúhuì, 会不会: is likely to? / knows how to? (1)

huǒlièniǎo, 火烈鸟: flamingo (2)

jǐ fēn zhōng, 几分钟: a few minutes (7)

jìhuà, 计划: plan (4)

jiā, 家: home (4)

jiāyóu, 加油: go! (encouraging yell) (6)

jiào, 叫: call, be named, yell (1)

jiàole, 叫了: called, yelled (2)

jiàolián, 教练: coach (4)

jiějie, 姐姐: elder sister (1)

jīnnián, 今年: this year (x)

jīnsè, 金色: gold-colored; blond (5)

jīntiān, 今天: today (1)

jǐnzhāng, 紧张: nervous (7)

jìnlái, 进来: come in (8)

jìnqù, 进去: go in (9)

jiù, 就: (feeling of soon-ness; feeling of that-exact-one) (1)

jiù hǎo le, 就好了: then it will be okay (8)

jiù huì, 就会: then is likely to... (3)

jiùshì, 就是: it's just that; that's the one/thing (1)

kāfēisède, 咖啡色的: brown (coffee colored) (1)

kāilemén, 开了门: opened the door (8)

kāishǐ, 开始: begin (4)

kǎilì, 凯利: Kylie (girl's name) (1)

kàn, 看: looks at (1)

kànbújiàn, 看不见: looks but can't see (4)

kàndào, 看到: sees (1)

kànlekàn, 看了看: took a look at (2)

kànwánle, 看完了: finished reading (5)

kànzhe, 看著: looking at (right now) (5)

kě'ài, 可爱: cute (3)

kěbùkěyǐ, 可不可以: may...? can...? (2)

kěnéng, 可能: possible (1)

kěyǐ, 可以: is okay, may, is permitted to (2)

kè, 课: class (3)

kèběn, 课本: textbook (2)

kùzǐ, 裤子: pants (1)

kuài lái le, 快来了: will soon be here (1)

kuàidiǎn, 快点: faster! (2)

kuàiqù, 快去: go quickly (3)

kuàiyào, 快要: will soon...; is almost... (2)

kuàiyīdiǎn, 快一点: faster! (1)

lājītǒng (PRC); lese (TW), 垃圾捅: garbage can (3)

lái, 来: come (8)

láile, 来了: arrived, came to (a place) (2)

lánqiú, 篮球: basketball (1)

làngmàn, 浪漫: romantic (6)

lǎogē, 老哥: bro (8)

lǎoshī, 老师: teacher (1)

le, 了: (shows completed action OR change of status) (1)

lǐ, 里: inside (4)

lǐmiàn, 里面: inside (3)

lìshǐkè, 历史课: history class (1)
liǎn hóng, 脸红: blushes (5)
liànxí, 练习: practice (4)
liùdiǎnbàn, 六点半: six thirty (1)
liùdiǎnzhōng, 六点钟: six o'clock (5)
lúkǎ, 卢卡: Lucas (3)
lǜsède, 绿色的: green (3)
máfán, 麻烦: troublesome (1)
mǎkè, 马克: Mark (3)
mǎshàng, 马上: immediately (1)
mà, 骂: scold; curse (4)
mǎi, 买: buys (2)
màn, 慢: slow (4)
máoyī, 毛衣: sweater (3)
méi bànfǎ, 没办法: no solution (4)
méiguīhuā, 玫瑰花: rose ()
méishì, 没事: it's okay; nothing's wrong (5)
méixiào, 没笑: didn't laugh (3)
méiyǒu bànfǎ, 没有办法: no solution (2)
méiyǒu rén, 没有人: nobody (9)
méiyǒukàn, 没有看: didn't look (3)
méiyǒushuō, 没有说: didn't speak (7)
méiyǒutīng, 没有听: didn't listen (3)
méiyǒuxiào, 没有笑: didn't laugh (2)
měige, 每个: every (one of something) (5)
měitiān, 每天: every day (4)
mén, 门: door (9)
míngtiān, 明天: tomorrow (4)
mǔqīn, 母亲: mother (1)
nágěi, 拿给: hands to (2)
nále, 拿了: took (with the hand), got (2)
nǎ ge, 哪个: which one? (9)
nà, 那: that (1)
nà wèi, 那位: that (person) (5)

nàme, 那麼: so; in that case (1)
nàxiē, 那些: those (5)
nàyàng, 那样: that way (3)
nàr, 那儿: there (3)
nán péngyǒu, 男朋友: boyfriend (6)
nánguò, 难过: sad (1)
nánháizǐ, 男孩子: boy (2)
nǎr, 哪儿: where (7)
ne, 呢: (how about...) (2)
níbā, 泥巴: mud (4)
nǐkàn, 你看: look! (4)
nǐshuō, 你说: tell me! (2)
niúzǎikù, 牛仔裤: blue jeans (3)
nǚháizǐ, 女孩子: girl (1)
nǚháizǐmen, 女孩子们: girls (x)
ǒutù, 呕吐: throw up (7)
pǎo, 跑: run (4)
péi, 配: accompany; go with (x)
pèng, 碰: hit, bump into (4)
pèngdào, 碰到: bump into (3)
piàoliang, 漂亮: pretty (1)
qíguài, 奇怪: strange (5)
qián, 钱: money (5)
qiánmiàn, 前面: front, in front of (3)
qiǎokèlì, 巧克力: chocolate (4)
qīnàide, 亲爱的: Dear...(starting a letter) (7)
qíngrénjié, 情人节: Valentine's Day (9)
qǐng, 请: please; invite (1)
qǐngwèn, 请问: excuse me; may I ask? (5)
qúnzi, 裙子: skirt (2)
rènshi, 认识: know (a person) (1)
rúguǒ, 如果: if (1)
sāndiǎnzhōng, 叁点钟: three o'clock (6)
sānmíngzhì, 叁明治: sandwich (2)
sānsuì de, 叁岁的: three-year-old (2)
shǎguā, 傻瓜: idiot (stupid melon)

(3)

shàng, 上: up, on top of, on (1)

shàng shùxuékè, 上数学课: go to math class (1)

shàngkè, 上课: go to/attend class (1)

shàngle, 上了: got on, boarded (6)

shàngmiàn, 上面: on top/above/top (3)

shàngwǎng, 上网: go online (4)

shàngxué, 上学: go to school/class (4)

jìn, 进: enter; go in (8)

shéi, 谁: who? (3)

shénme, 甚麼: what? (1)

shénme shì, 甚麼事: what's the matter? (5)

shēngqì, 生气: be angry; get angry (3)

shēngwùxué, 生物学: Biology (1)

shǒujī, 手机: cell phone (9)

shǒuzhōng, 手中: in the hand (5)

shūde huà, 说的话: what s.o. says (3)

shūzhōng, 书中: in the book (5)

shùxué, 数学: math (1)

shùxué gōngkè, 数学功课: math homework (4)

shùxué lǎoshī, 数学老师: math teacher (1)

shùxuékè, 数学课: math class (1)

shuāiyá, 刷牙: brush teeth (1)

shuō, 说: speak; say (1)

shuō zàijiàn, 说再见: say goodbye (4)

shuōguò, 说过: have said (2)

shuōguòhuà, 说过话: have spoken (1)

shuōhuà, 说话: speaks (1)

sòng, 送: give as a gift (8)

sònggěi, 送给: gave (as a gift) to

(8)

suīrán, 虽然: although (1)

suì, 岁: year of age (2)

suǒyǐ, 所以: therefore, so (1)

tā, 它: it (7)

tā, 她: she, her (1)

tā xiě de, 他写的: the one he wrote (7)

tā zuòde, 他做的: what/the one he did/made (5)

tāmen, 她们: they (girls) (1)

tài, 太: too...(excessively) (3)

tàihǎole, 太好了: awesome! (4)

tāngmǔ, 汤姆: Tom (1)

tī, 踢: kick; play (football) (1)

tǐyùkè, 体育课: gym class (1)

tiāntiāndōu, 天天都: every day (1)

tīng, 听: listen to (1)

tīng yīnyuè, 听音乐: listen to music (2)

tīngdào, 听到: hear (1)

tīngdǒng, 听懂: listen to and understand (4)

tīngjiàn, 听见: hear (3)

tīngtīng, 听听: listen a little (8)

tīngwǒshuō, 听我说: listen to me! (8)

tóngxué, 同学: classmate (4)

tǒng, 桶: bucket; barrel (3)

tóu, 头: head (4)

tóufa, 头髮: hair (1)

wǎn, 晚: late (7)

wǎnshàng, 晚上: evening (8)

wáng, 王: (a last name) (4)

wáng jiàolián, 王教练: Coach Wang (4)

wǎngqiú duì, 网球队: tennis team (2)

wǎngqiú, 网球: tennis (2)

wǎngqiú bǐsài, 网球比赛: tennis match (4)

wǎngzhàn, 网站: Web site (4)

wèi; wéi, 喂: Hello? (on the phone) (8)

wèishénme, 为甚麼: why? (1)

wèn, 问: ask (a question) (4)

wèn wèishénme, 问为什麼: ask why (5)

wèntí, 问题: question, problem (8)

wǒ mǎi de, 我买的: the one I bought (x)

wǒjiào, 我叫: My name is (9)

wòshì, 卧室: bedroom (2)

xǐhuān de, 喜欢的: the one s.o. likes (9)

xǐhuān guò, 喜欢过: has liked (1)

xià yǔ le, 下雨了: started raining (4)

xiàkè, 下课: get out of class (4)

xiān, 先: first (x)

xiànzài, 现在: now (4)

xiǎng, 想: thinks (1)

xiǎng bànfǎ, 想办法: think of a solution (2)

xiǎngyào, 想要: wants to (1)

xiǎodàngāo, 小蛋糕: little cake (cupcake) (5)

xiǎoháizǐ, 小孩子: small child (2)

xiǎoshí, 小时: hour (8)

xiǎoshì, 小事: small matter (5)

xiào, 笑: laughs/smiles (1)

xiàochē, 校车: school bus (1)

xiàole, 笑了: laughed/smiled (3)

xiě, 写: writes (4)

xiěde xìn, 写的信: the letter that was written (7)

xiěxìn, 写信: writes a letter (4)

xiězài, 写在: writes on... (4)

xièshàngqù le, 写上去了: wrote up/on (4)

xièxie, 谢谢: thank you (2)

xīn mǎide, 新买的: newly purchased (2)

xīnde, 新的: new (2)

xìn, 信: letter (7)

xīngqī èr, 星期二: Tuesday (1)

xìng, 姓: be surnamed... (4)

xué, 学: study (2)

xuéhǎo, 学好: master (by studying) (4)

xuéxiào, 学校: school (2)

yǎnjīng, 眼睛: eyes (1)

yāozǒule, 要走了: have to go now (5)

yào, 要: wants; must; will; costs (1)

yě, 也: also (1)

yī diǎndiǎn, 一点点: a very little bit (5)

yī xiē, 一些: a few (6)

yīdiǎn, 一点: a little bit (5)

yīfēnzhōng, 一分钟: one minute (2)

yīfú, 衣服: clothes (2)

yīge rén, 一个人: alone (3)

yīqǐ, 一起: together (1)

yīyǎn, 一眼: a glance, an eye (5)

yídìng, 一定: certainly, definitely (1)

yíyàng, 一样: the same (1)

yǐ hòu, 以後: after, afterwards (4)

yǐqián, 以前: before, previously (x)

yǐwéi, 以为: thinks wrongly (4)

yìbān láishuō, 一般来说: generally speaking (4)

yīnwèi, 因为: because (1)

yīnyuè, 音乐: music (2)

yǐnxíng yǎnjìng, 隐形眼镜: contact lenses (x)

yīngwén, 英文: English language (4)

yīngwén gōngkè, 英文功课: English homework (5)

yíng, 赢: win (4)

yǒudiǎn, 有点: is a little bit... (8)

yǒushì, 有事: have something going on (5)

yǒuyītiān, 有一天: one day... (2)

yǒuyìsi, 有意思: interesting (x)

yòu nánkàn, 又难看: ugly as well (2)

yòubiān, 右边: right side (6)

yòuchòu, 又臭: stinky as well (2)

yǔ, 雨: rain (4)

zài, 再: again (in the future) (4)

zài, 在: be at, be in the act of... (1)

zài kàn, 在看: be looking at (3)

zài tīng, 在听: be listening to (8)

zài xiào, 在笑: be laughing (1)

zàijiā, 在家: at home (2)

zàijiàn, 再见: goodbye (see you again!) (x)

zàixiǎng, 在想: thinking (right now) (1)

zāogāo, 糟糕: darn it! (1)

zǎo, 早: early, good morning! (5)

zǎofàn, 早饭: breakfast (1)

zǎoshàng, 早上: morning (5)

zěnme, 怎麼: how...; how? (2)

zěnme bàn, 怎麼办: what can one do? (1)

zěnmehuì, 怎麼会: how can it be that... (2)

zěnmeyàng, 怎麼样: in what way? (8)

zhànzài, 站在: stands at (3)

zhànzài nàr, 站在那儿: stands there (3)

zhè, 这: this (x)

zhème, 这麼: so (4)

zhèxiē, 这些: these (2)

zhèyàng, 这样: this way (x)

zhèr, 这儿: here (1)

zhīdào, 知道: know (a fact) (2)

zhīdào le, 知道了: realized (7)

zhǐyào, 只要: if only (2)

zhōng, 中: middle (4)

zhōngfàn, 中饭: lunch (1)

zhōngguó, 中国: China (4)

zhōngguórén, 中国人: Chinese person (4)

zhòngyào, 重要: important (1)

zhuàngdào le, 撞到了: ran into (4)

zǒu, 走: walk; leave (9)

zǒudào, 走到: walked to (4)

zǒudé, 走得: walked in a way that is... (3)

zǒuguòlái, 走过来: walked over (toward speaker) (5)

zǒuguòqù, 走过去: walked over (away from speaker) (6)

zǒuhuíjiā, 走回家: walked back home (4)

zǒujìn le, 走进了: walked into (8)

zǒule, 走了: walked; left (2)

zǒule guòlái, 走了过来: walked over (toward speaker) (6)

zǒulù, 走路: walk (3)

zuì, 最: the most (7)

zuìxǐhuān, 最喜欢: favorite (3)

zuótiān, 昨天: yesterday (5)

zuò, 做: make, do (4)

zuò, 坐: sits (9)

zuò xiǎo dàngāo, 做小蛋糕: make little cakes (cupcakes) (x)

zuò xiàochē, 坐校车: rides the school bus (2)

zuòdé, 做得: do/make in a way that is... (4)

zuòde, 做的: made/done (5)

zuògōngkè, 做功课: do homework (4)

zuòhǎo, 做好: finish doing (4)

zuòhǎole, 做好了: all finished making/doing (4)

CHINESE CARNIVAL
CHINESE CULTURE CARNIVAL

Set up your tents, book your acts, and watch out for your opponents' mischief, while wreaking a little havoc of your own! Whether you play in a group or solitaire, with others learning Chinese or in a mixed-subject game, Carnival is the fun way to make those new words and phrases really stick!

Real games. Real learning. Real fun.
www.SquidForBrains.com

SUNZI: GAME OF WAR

Set your sights on easily mastering the Chinese words you really need! Attack your opponent with the power of Chinese words. Choose from a collection of decks focused on different aspects of Chinese learning and watch your vocabulary grow as you play.

Look for the companion decks for this book at www.SquidForBrains.com today!

Made in the USA
Middletown, DE
28 June 2015